小学校
新学習指導要領
国語の授業づくり

京都女子大学教授
水戸部修治

明治図書

まえがき

近年、国語科の授業が大きく前進してきたと多くの方々が実感しておられるのではないでしょうか。型通りに話したり書いたりすることにとどまらず、子供たちが伝えたい思いや考えを膨らませ、実生活にも生きる多様な言語活動を行う学びが多く見られるようになってきました。無目的に与えられた文章の与えられた段落や場面を読み取ることにとどまらず、読むことに関する課題の解決に向けて、自ら本や文章に手を伸ばして読み、互いの読みを交流したり自分の考えを明確にしたりしていく言語活動を行う学びの姿もごく一般的に見られるようになってきました。

しかし、授業は極めて複雑な構造体です。当該単元で育む資質・能力をどう見極めるか、子供の実態を踏まえつつ、ねらいを実現するための魅力的な言語活動をどのように教材研究し設定するのかといったことは今後も大きな課題です。また、単元に位置付けた言語活動の遂行という課題の解決に向けて、各単位時間が子供の側から見て本当に意味のあるものとしてつながって行くようにするにはどうすればよいのか、さらには本時の学習課題をはじめとした、単位時間のそれぞれの学習活動を、単元に位置付けた言語活動としっかり結び付く、子供にとって目的や必要性を実感できるものにするにはどうしたらよいのかといった点についても更なる吟味が必要です。

二〇一七年三月、新学習指導要領が公示されました。この学習指導要領を、子供のための授業改善に向けて十分使いこなし、質の高い言語活動を位置付けた授業づくりを進めていくことが求められます。そこで本書では、第一章及び第二章で、新学習指導要領・国語について概説するとともに、授業づくりに生かすためのポイントを提示しています。また第三章以降では、言語活動例をもとに、それらをどのように豊かに具体化するかを述べています。これらは全て、抽象的な理論や理念ではなく、数多くの実践者による授業改善の実際に基づき、子供にとって有効であると考えられる成果を集約したものです。

本書が、新学習指導要領の真の趣旨を踏まえ、子供たちのための国語科の授業改革を目指す皆様の一助となれば幸いです。

二〇一八年四月

水戸部修治

もくじ

CONTENTS

第2章 資質・能力を育む国語科授業づくりのポイント

第3章　「話すこと・聞くこと」の言語活動例と授業アイデア

第4章 「書くこと」の言語活動例と授業アイデア

第5章 「読むこと」の言語活動例と授業アイデア

第1章

キーワードで総整理！学習指導要領国語のポイント

CHAPTER 1

1 学習指導要領国語全体の構成

▼国語科の全体の構成

国語科の全体の構成は次のように示されています。

第1　目標

第2　各学年の目標及び内容

1　目標

2　内容

〔知識及び技能〕

〔思考力、判断力、表現力等〕

A　話すこと・聞くこと　B書くこと　C読むこと

第3　指導計画の作成と内容の取扱い
別表　学年別漢字配当表

▼資質・能力で目標と内容を整理

今回の改訂では各教科等とも、育成を目指す資質・能力を「知識・技能」、「思考力・判断力・表現力等」、「学びに向かう力・人間性等」の三つの柱で整理しています。国語科の「2　内容」には、「知識・技能」に関わるものを〔知識及び技能〕、「思考力・判断力・表現力等」に関わるものを〔思考力、判断力、表現力等〕として示しています。〔思考力、判断力、表現力等〕は、現行同様「A　話すこと・聞くこと」、「B　書くこと」、「C　読むこと」の三領域で構成されています。現行では三領域の後に〔伝統的な言語文化と国語の特質に関する事項〕が示されていましたが、改訂後は〔知識及び技能〕が先に示されています。これは、三つの柱の順に整理したためで、まず知識や技能を与えて、後で思考・判断・表現させるといった一方通行の指導過程に変えていくという趣旨ではありません。

2

資質・能力「知識・技能」

▼生きて働く〔知識及び技能〕の内容

実生活で生きて働く言語の〔知識及び技能〕については、次の内容が示されています。

（1）言葉の特徴や使い方に関する事項

・言葉の働き　・話し言葉と書き言葉　・漢字　・語彙

・文や文章　・言葉遣い　・表現の技法　・音読、朗読

（2）情報の扱い方に関する事項

・情報と情報との関係　・情報の整理

（3）我が国の言語文化に関する事項

・伝統的な言語文化　・言葉の由来や変化　・書写　・読書

▼指導に当たっての基本的な考え方

「第3　指導計画の作成と内容の取扱い」1（3）にあるように、「〔知識及び技能〕に示す事項については、〔思考力、判断力、表現力等〕に示す事項の指導を通して指導することを基本と」することに留意する必要があります。子供たちにとって生きて働く〔知識及び技能〕として身に付くようにすることが大切なので、次の点が重要になります。

子供自身が知識や技能を身に付ける必要性を感じられる場を構築する

課題解決の過程となる、単元に位置付けた言語活動を行うために必要となる〔知識及び技能〕を明確にするとともに、子供自身がその〔知識及び技能〕を身に付けたり獲得したりする必要性を実感できるようにしておくことが大切になります。

身に付けた知識や技能を繰り返し活用できる意味ある場を構築する

言葉は繰り返しの中でより確かなものとして身に付いていきます。その際、機械的に繰り返すのではなく、課題解決の過程を繰り返したり、課題解決に向けて言語を繰り返し用いたりすることが大切になります。

3

資質・能力「思考力・判断力・表現力等」

▼未知の状況にも対応できる〈思考力・判断力・表現力等〉

〈思考力、判断力、表現力等〉には、現行同様、三領域それぞれに指導事項と言語活動例が示されています。

A　話すこと・聞くこと
（1）指導事項　（2）言語活動例

B　書くこと
（1）指導事項　（2）言語活動例

C　読むこと
（1）指導事項　（2）言語活動例

▼指導に当たっての基本的な考え方

今回の改訂では、指導事項に示す資質・能力について、「知識・技能」に関わるものと「思考力・判断力・表現力等」に関わるものを可能な限り分けて示しています。

〔思考力、判断力、表現力等〕を指導する際には、次のような点が重要になります。

指導事項の趣旨をよく確認する

指導事項は、あくまでも子供たちの思考力・判断力・表現力等を育むためのものです。指導事項を見ていくと、「…に着目して」「目的に応じて…」といった文言がよく見られます。こうしたキーワードなどを手掛かりにして、指導事項に示された思考力・判断力・表現力等に係る資質・能力を明確に押さえることが大切です。

言語活動を通して指導する

教科目標で改めて強調されているように、国語科は言語活動を通して資質・能力を育成することが基本です。子供たちが主体的に思考・判断し、それらを表現できるような言語活動を単元に明確に位置付けて指導することが極めて重要です。

4

資質・能力「学びに向かう力・人間性等」

▼教科目標と学年目標に明示

今回の改訂では、各教科等において育成を目指す資質・能力を「知識・技能」、「思考力・判断力・表現力等」、「学びに向かう力・人間性等」の三つの柱によって整理することを試みています。国語科では、教科目標及び学年目標には三つの柱に対応した目標が示されています。このうち、教科目標には「学びに向かう力・人間性等」の目標が次の通り示されています。

（3）言葉がもつよさを認識するとともに、言語感覚を養い、国語の大切さを自覚し、国語を尊重してその能力の向上を図る態度を養う。

▼単元の指導に当たり各学校等で具体化する

　ただし、各学年の「2　内容」には、〔知識及び技能〕、〔思考力、判断力、表現力等〕の二つの柱に対応した内容のみが示されており、「学びに向かう力・人間性等」の内容は具体的には示されていません。

　そこで、単元において育成すべき資質・能力を明確にして授業を構想するためには、当該単元で取り上げて指導する〔知識及び技能〕と〔思考力、判断力、表現力等〕の指導事項等を明らかにすることに加えて、「学びに向かう力・人間性等」に係る資質・能力を具体的に設定することが重要になります。

　例えば低学年の学年目標（3）には、「言葉がもつよさを感じるとともに、楽しんで読書をし、国語を大切にして、思いや考えを伝え合おうとする態度を養う。」ことが示されています。つまり国語科の「読むこと」の指導は、子供たちが「楽しんで読書をする」態度を養うことを目指すものとなる必要があり、こうしたことを具体的に目標として位置付けることが重要になるのです。

5

教科目標の構成

▼国語科の教科目標

国語科の教科目標は次の通りです。

言葉による見方・考え方を働かせ、言語活動を通して、国語で正確に理解し適切に表現する資質・能力を次のとおり育成することを目指す。

（1）日常生活に必要な国語について、その特質を理解し適切に使うことができるようにする。

（2）日常生活における人との関わりの中で伝え合う力を高め、思考力や想像力を養う。

（3）言葉がもつよさを認識するとともに、言語感覚を養い、国語の大切さを自覚し、国語を尊重してその能力の向上を図る態度を養う。

今回の改訂では、各教科等とも、目標の前段に引き続き、
（1）に知識・技能に関する目標
（2）に思考力・判断力・表現力等に関する目標
（3）に学びに向かう力・人間性等に関する目標
を示すという構成が取られています。

▼言語活動を通して資質・能力を育成する

今回の改訂では、言語活動を通して資質・能力を育成するという、国語科が従来から重視していた枠組を、教科目標に明確に示している点に大きな意義があります。

そのため、授業づくりの面で言えば、言語活動の質の高さが、授業の質に直結することとなります。子供たちが、生きて働く言語の知識及び技能、未知の状況にも対応できる思考力、判断力、表現力等、そして学びに向かう力、人間性等をバランスよく確実に身に付けられるよう、言語活動を十分に吟味して単元の指導に明確に位置付けることが、従来以上に求められるのです。

6 内容の構成

▼国語科の内容の構成

国語科の内容は、〔知識及び技能〕、〔思考力、判断力、表現力等〕で構成されています。このうち、〔思考力、判断力、表現力等〕の内容は、各領域に（1）指導事項、（2）言語活動例が示されています。指導事項については、次のように構成されています。

A　話すこと・聞くこと

○話題の設定、情報の収集、内容の検討（話すこと、聞くこと、話し合うことに共通）

○構成の検討、考えの形成（話すこと）　○表現、共有（話すこと）

○構造と内容の把握、精査・解釈、考えの形成、共有（聞くこと）

○話合いの進め方の検討、考えの形成、共有（話し合うこと）

B　書くこと

○題材の設定、情報の収集、内容の検討　○構成の検討　○考えの形成、記述

○推敲　○共有

C　読むこと

○構造と内容の把握（説明的な文章）　○構造と内容の把握（文学的な文章）

○精査・解釈（説明的な文章）　○精査・解釈（文学的な文章）

○考えの形成　○共有

例えば「A　話すこと・聞くこと」の「話し合うこと」であれば、「話題の設定、情報の収集、内容の検討」→「話合いの進め方の検討、考えの形成、共有」というように、指導事項がおおむね学習の過程に即したものとなるように示されています。ただし、「C　読むこと」については、「A　話すこと・聞くこと」の「話題の設定」や、「B　書くこと」の「題材の設定」に当たるものがないため、補って考える必要があります。その際、〔知識及び技能〕（3）の「読書」に関する事項を効果的に組み合わせることが考えられます。

7 言葉による見方・考え方

▼「言葉による見方・考え方を働かせ」るとは

『小学校学習指導要領解説国語編』には、次のような記述があります。

国語科は、様々な事物、経験、思い、考え等をどのように言葉で理解し、どのように言葉で表現するか、という言葉を通じた理解や表現及びそこで用いられる言葉そのものを学習対象としている。言葉による見方・考え方を働かせるとは、児童が学習の中で、対象と言葉、言葉と言葉との関係を、言葉の意味、働き、使い方等に着目して捉えたり問い直したりして、言葉への自覚を高めることであると考えられる。（以下略）

「言葉による見方・考え方を働かせ」るとは、子供自身が自覚的に言葉に着目したり、自ら言葉を吟味したりすることができるようになることだとも言うことができるでしょう。

▼子供が「言葉による見方・考え方」を働かせるためのポイント

子供自身が言葉に着目する機会を設定する

子供が「自分はこの言葉に着目したい！」といった思いを十分膨らませることが重要です。例えば低学年なら、自分の大好きな物語の大好きなところを紹介するといったことで、そうした意識を活発に働かせることができるのではないでしょうか。

課題解決の過程となる学習を工夫する

言葉に自覚的になるためにも、単発の活動として好きなところを見付けさせるのみならず、例えば、低学年であれば「お気に入りの物語の大好きなところとそのわけをはっきりさせたい」といった、課題解決の過程となる学習にする工夫が大切になります。

「言葉による見方・考え方」を働かせて身に付ける資質・能力を明確にする

「大好きなところ」だとする理由は、低学年なら、当該の場面の登場人物の言動や、自分の経験との結び付きが挙げられるでしょう。指導事項を十分に意識することが大切です。

8

国語科におけるカリキュラム・マネジメント

▼「カリキュラム・マネジメント」とは

小学校学習指導要領第1章総則第1の4には、次のように定義されています。

児童や学校、地域の実態を適切に把握し、教育の目的や目標の実現に必要な教育の内容等を教科等横断的な視点で組み立てていくこと、教育課程の実施状況を評価してその改善を図っていくこと、教育課程の実施に必要な人的又は物的な体制を確保するとともにその改善を図っていくことなどを通して、教育課程に基づき組織的かつ計画的に各学校の教育活動の質の向上を図っていくこと

▼国語科における「カリキュラム・マネジメント」のポイント

国語科と各教科等との効果的な関連を図る

国語科は、各教科等の学習の基盤となる国語の能力を育成する教科であり、各教科等との効果的な関連が重要です。例えば他教科等で調べたことをまとめて発表する学習を行う際、国語科の学習と関連を図ることで、課題意識を明確にした学習の実現が期待できます。

国語科における学年間の系統的な関連を図る

国語の能力は低学年、中学年、高学年と系統的に育まれることで、確かな力として身に付くものです。例えば調べる学習を行う国語の能力として、低学年では図鑑や科学的な読み物に親しむこと、中学年では目次や索引、見出しなどを駆使して検索することなどがしっかり身に付くことで、高学年では自分の課題の解決に必要な情報を集めて、考えを形成したり発信したりできる力に高まっていきます。

年間指導計画における単元間の重点的な関連を図る

国語科の単元間の関連も重要です。単元ごとに確実に力を高められるよう、年間を見通して、領域内あるいは領域間の学習内容を重点的に関連させ、学んだことを確実に次の単元で生かせるようにすることが大切です。

9

国語科における主体的・対話的で深い学びの実現

▼これまでの授業改善の取組を生かす

新学習指導要領では、主体的・対話的で深い学びの観点から、授業改善を図ることの重要性が指摘されています。その第一のポイントは、これまでの授業改善の取組を生かしていくことにあります。国語科では近年、大きく授業改善が進みました。型通りの作文を書いたり与えられた文章を段落ごと場面ごとに読み取ったりすることにとどまらず、自分の思いや願いを膨らませて言葉を紡ぎ出したり、自ら本に手を伸ばして読み、考えを広げたりする子供の姿が見られる授業が多くなってきました。現行学習指導要領下で真摯に取り組まれてきたこうした授業改善を、新学習指導要領になったからといって急に別のものに切り替えるといった趣旨ではないのです。

▼言語活動の質を一層高める

国語科では、これまでも通常行われてきた学習活動、つまり言語活動の質を高めることが主体的・対話的で深い学びの実現に向けた取組の主眼となります。指導のねらいを見極めて、そのねらいの実現にふさわしい言語活動をしっかりと単元に位置付けることが肝要です。ねらいが曖昧なままに「活動だけで力が付くのか」などと躊躇して、安易に活動なしの授業に戻ることが主体的・対話的で深い学びを生み出すわけではありません。

▼単元のまとまりで資質・能力を確実に身に付けられるようにする

主体的・対話的で深い学びは単元のまとまりで実現を図ります。国語科では、子供にとっての課題解決過程となる言語活動を単元に位置付けることを通して、必要となる知識及び技能を獲得したり、主体的に思考・判断し、表現したりする国語の能力を高めていきます。そのためにも、単元で育成を目指す資質・能力をしっかりと見極めることが重要です。

10

三観点での学習評価

▼資質・能力の三つの柱に対応した三つの観点で評価する

中央教育審議会答申（平成二八年一二月）では、「目標に準拠した評価」を実質化するために、全ての教科等において目標や内容を、資質・能力の三つの柱に基づき再整理するとともに、観点別学習状況評価については、「知識・技能」、「思考・判断・表現」「主体的に学習に取り組む態度」の三観点に整理することが提言されています。

▼単元で取り上げる内容（指導事項等）を明確化して目標に準拠した評価を推進する

国語科においても、この基本的整理を踏まえて、〔知識及び技能〕の内容は「知識・技能」

に係る観点で、〔思考力、判断力、表現力等〕の内容は「思考・判断・表現」に係る観点で評価するとともに、各単元で育成を目指す「学びに向かう力・人間性等」を基に、観点別評価が可能なものを「主体的に学習に取り組む態度」で評価することとなります。

現行の観点構造とは異なりますが、「目標に準拠した評価」を行うという原則は変わりません。そこで、当該単元で取り上げて育成を目指す資質・能力、つまり〔知識及び技能〕と〔思考力、判断力、表現力等〕の指導事項等を明確にし、その指導事項等ごとに評価規準を設定することが基本です。

▼言語活動を通して指導し、評価する

目標に準拠した評価を推進するためには、質の高い言語活動を通して指導し、評価することが一層重要になります。子供たちにとっての課題解決の過程となる言語活動を行う中で、当該の〔知識及び技能〕の事項を理解したり用いたりしている状況が現れやすくなるからです。また、当該単元で指導する〔思考力、判断力、表現力等〕の指導事項についても、子供たちが思考し、判断し、表現する場面をふんだんに含む言語活動を位置付けるこ

とで一層評価しやすくなります。更には、「主体的に学習に取り組む態度」も子供たちが主体的に取り組みたくなる言語活動を工夫することで、より積極的に評価できるようになります。

例えば低学年で〔思考力、判断力、表現力等〕の「C 読むこと」の「エ 場面の様子に着目して、登場人物の行動を具体的に想像すること。」を指導する場合、「大好きな物語を読み、好きなところやそのわけを説明する」言語活動などを工夫することで、子供自身がどの場面に着目するかを思考・判断し表現する資質・能力を発揮することが容易になるでしょう。また、教科書教材に加えて自分の好きな物語でも登場人物の行動を具体的に想像する学習を行うことが可能になりますから、その資質・能力の定着状況をより確かに評価しやすくなります。更には、主体的に物語を読んで想像しようとする態度も一層評価しやすくなります。

「言語活動を行うと個人差が大きくなってしまう。」と案じることもあるでしょうが、その個人差は言語活動をきちんと取り入れる前はなかったのでしょうか。むしろ元々あった個人差が顕在化することで、評価を的確に生かした個に応じた指導も行いやすくなるのです。

第2章

資質・能力を育む国語科授業づくりのポイント

CHAPTER 2

1

言語活動の充実

▼国語科における言語活動の充実

国語科の教科目標の冒頭には、次のように示されています。

言葉による見方・考え方を働かせ、言語活動を通して、国語で正確に理解し適切に表現する資質・能力を次のとおり育成することを目指す。（以下略、傍線は筆者による。）

つまり、国語科では資質・能力を育成する際、言語活動を通して指導することが基本となります。またその言語活動は、〔思考力、判断力、表現力等〕の各領域の（2）に具体的に例示されています。こうした言語活動は、単なる断片的な活動ではなく、当該単元で育成を目指す資質・能力を子供たちが身に付ける際に有効に機能するものとなる必要があります。そのためにも質の高い言語活動を単元に明確に位置付けることが大切です。

▼質の高い言語活動の要件

資質・能力を具体化・顕在化する言語活動

例えば高学年で筋の通った文章となるよう文章全体の構成や展開を考える（「B　書くこと」の指導事項イ、以下Bイ）際、「提案文を書く」といった言語活動を位置付けることで、提案理由と提案内容、提案を実現するための具体的方法などを一貫させた構成と展開を考えればよいなどと具体的に捉えることができます。

子供自身にとっての課題解決の過程となる言語活動

その際、提案文を書くことが、子供自身にとっての課題を解決する過程となる時、構成や展開を工夫することに向けた主体的な思考や判断が一層活発なものとなります。子供自身が是非提案したい、といった主体的に学習に取り組む態度もより重視したいものです。

学ぶ目的や価値、よさを実感できる言語活動

提案文を書いて提案したことで、身近な暮らしがよくなったなど、言語活動によって言葉のもつ力の大きさやそれを身に付けて伝え合うよさを一層実感することができます。

2

学習課題の工夫

▼単元の学習課題設定のポイント

どのような言語活動に向かう学習なのかが明確に分かる学習課題

国語科は、言語活動を通して単元のねらいの実現を図る教科ですから、単元全体に一貫した言語活動を位置付けることが有効です。この言語活動が明確であればあるほど、子供にとって学ぶ目的がはっきり捉えられるため、見通しをもった主体的な学習が可能になります。例えば「好きな本のお気に入りの場面を選び、わけをはっきりさせて紹介しよう」といった学習課題を設定することで、本を選び、場面の様子に着目したりなぜ好きなのかを考えて読み、それを伝え合ったりするなどの学習過程が明確に見えるものになります。

言語活動を通して育成をめざす資質・能力が子供にも見通せる学習課題

例えば低学年の「C　読むこと」には「エ　場面の様子に着目して、登場人物の行動を具体的に想像すること。」があります。先述の例であれば、「お気に入りの場面を選ぶ」ために「場面の様子に着目」することは、この指導事項を具体化するものとなっています。言語活動をねらいに応じてしっかり位置付けることによって、資質・能力、つまり指導事項等を見える化することができるので、言語活動の明確化がとても大切なのです。

▼単位時間の学習課題設定のポイント

単位時間の学習課題を設定する上で最も重要なのは、その時間の学習課題が、単元全体の課題としっかり結び付くものとなっていることです。前項の例であれば、ある単位時間の課題として「選んだ場面が好きな理由をはっきりさせよう」などと設定することが考えられます。Cエがねらいなら、「登場人物の行動」を手掛かりに好きなわけを見付けることとなります。その際、子供自身が自覚的に人物の行動の描写を取り上げて具体的に想像するために、すなわち、本時の学習がどこに向かうのかを自覚するために「好きな理由をはっきりさせて紹介する」という言語活動と結び付けて課題設定することが大切になります。

3

「話すこと・聞くこと」の学習過程の工夫

▼「話すこと・聞くこと」の指導事項の構成

〔思考力、判断力、表現力等〕の「A　話すこと・聞くこと」に関して、指導事項が次のような系列で示されています。（○囲み数字は筆者による。）

①話題の設定、情報の収集、内容の検討
②構成の検討、考えの形成（話すこと）
③表現、共有（話すこと）
④構造と内容の把握、精査・解釈、考えの形成、共有（聞くこと）
⑤話合いの進め方の検討、考えの形成、共有（話し合うこと）

このうち①は、②〜⑤の指導事項と密接に関わるものであるとされています。そのため、ここでいう学習過程の明確化が、単純に①→②→③→④→⑤という過程を示しているのではないことに留意する必要があります。

▼指導事項を組み合わせて、話すこと、聞くこと、話し合うことそれぞれの学習過程を示す

話すことの学習過程と指導事項

例えば、①、②、③を関連付けて考えると、「話題の設定、情報の収集、内容の検討、構成の検討、考えの形成、表現、共有」というように、話すこと、具体的にはスピーチの学習の過程が見えるようになっています。

聞くことの学習過程と指導事項

①と④を関連付けて、「話題の設定、情報の収集、内容の検討、構造と内容の把握、精査・解釈、考えの形成、共有」という学習過程が現れるようになっています。

話し合うことの学習過程と指導事項

①と⑤を関連付けると、「話題の設定、情報の収集、内容の検討、話合いの進め方の検討、考えの形成、共有」という話し合いの学習過程が明確になるようになっています。

4 「書くこと」の学習過程の工夫

▼「書くこと」の指導事項の構成

「B　書くこと」に関しては、指導事項が次のような構成で示されています。

○題材の設定、情報の収集、内容の検討
○構成の検討
○考えの形成、記述
○推敲
○共有

現行学習指導要領と同様、書くことの指導事項は、一般的な書くことの過程に即して構成されており、最も学習の過程がつかみやすいものとなっています。

▼指導のねらいの重点化と学習過程の工夫

なお、他領域も含めて、必ずこうした指導事項の示し方の順序通りに指導しなければならないわけではありません。例えば次のような学習過程を工夫することが考えられます。

○情報の収集について重点的に指導するため、構成、記述の後などに、意図的に追加取材することを繰り返し位置付ける。

○構成の検討の能力を重点的に指導するため、何について、何のために書くのかを明確にもったり、そのために必要となる材料を集めたりすることについては、カリキュラム・マネジメントを生かし、他教科等の学習成果を活用するなどして時間を有効に使う。こうした工夫によって、国語科では構成の検討の学習指導に十分時間を割けるようにする。

○記述の指導を重点的に行うために、既に書いた文章を、読み手や書く目的、文章の種類などを変えて書き換える学習過程を工夫する。

こうした、指導のねらいに応じた工夫を生かすことで、柔軟な指導過程を構想し、学習過程をより効果的なものとすることが望まれます。

5 「読むこと」の学習過程の工夫

▼「読むこと」の指導事項の構成

「C　読むこと」に関しては、指導事項が次のような系列で示されています。

○構造と内容の把握（説明的な文章、文学的な文章）
○精査・解釈（説明的な文章、文学的な文章）
○考えの形成
○共有

このことについて、中央教育審議会「国語ワーキンググループにおける審議の取りまとめ」（平成二八年八月）では、「現行の学習指導要領に示されている学習過程を改めて整理し、『話すこと・聞くこと』、『書くこと』、『読むこと』の3領域における学習活動の中で、三つの柱で整理した資質・能力がどのように働いているかを含めて図示した。」とした上で次のように指摘しています。（傍線は筆者による。）

例えば、「読むこと」の領域においては、「学習目的の理解（見通し）」、「選書（本以外も含む）」、「構造と内容の把握」、「精査・解釈」、「考えの形成」、「他者の読むことへの評価、他者からの評価」、「自分の学習に対する考察（振り返り）」、「次の学習活動への活用」といった学習活動を明示している。

▼読む目的や課題の設定を「読書」で補う

他領域と比べ、「C　読むこと」では、話題の設定や題材の設定に該当する指導事項は明示されていません。しかし、学習目的の理解や選書といった過程で働く資質・能力の重要性を踏まえると、例えば〔知識及び技能〕（3）の読書に関する事項などとの効果的な関連を図って学習過程を考えていくことが大切になります。子供たちが読むことへの期待を膨らませたり、見通しをもって読み進めたりできるように、これまでの優れた学習指導を参考に、読書課題の設定や読むことの構想の過程を重視した工夫を図りたいものです。

6

共有の能力を身に付けるグループ学習の工夫

▼「共有」と「交流」

今回の学習指導要領の改訂では、資質・能力を明確にすることが目指されています。現行で用いている指導事項の系列としての「交流」は、活動であると捉えられることが多いため、交流する際に働く資質・能力を「共有」として新たに示したものです。より砕いて言えば、各領域の「共有」の資質・能力を育成する際、グループ学習などの交流場面を効果的に位置付けて指導することが考えられます。

▼資質・能力を育むためのグループ学習のポイント

指導のねらいを明確化する

どのような資質・能力を育むのかを明確化する必要があります。例えば「C　読むこと」第3学年及び第4学年では、「カ　文章を読んで感じたことや考えたことを共有し、一人一人の感じ方などに違いがあることに気付くこと。」が共有の指導事項として示されています。

子供にとっての共有の資質・能力を発揮する目的や必然性をはっきりもたせる

読むことの指導のねらいが、教師がもつ正解の解釈を言い当てさせることにのみあるなら、「一人一人の感じ方などに違いがあることに気付く」必要性はありません。しかし、解釈とは本来、読み手の経験や感じ方などによって異なるものです。そこで他者の解釈を聞いてみたいといった、本質的な目的や必然性を実感できるようにする必要があります。具体的には、「まだ自分の考えがはっきりしていないから、友達の意見を聞きたい。」「自分の考えとその理由ははっきりしたが、まったく異なる考えを聞いて理解を深めたい。」など、指導のねらいや発達の段階に応じて具体的な目的をもてるよう促すことが重要です。

グループの構成や具体的なやりとりを促す確実な指導の手立てを工夫する

指導のねらいに応じてどのようなグループを構成するのか、具体的にどのようなやりとりが生まれることを期待するのかを想定するなどの手立ても重要になります。

7 学習評価の工夫・改善

▼目標に準拠した評価を確実に行う

評価の基本は「目標に準拠した評価」です。つまり、当該単元で取り上げて指導する指導事項等を指導した結果、どれぐらい身に付いたのかを評価することとなります。例えば、教材文は読み取れたが、類似の他の文章は読めないといった状況で、果たして読む能力が付いたと言えるでしょうか。そもそも「教材文は読み取れた」とは言っても、どのような読む能力を指導し評価したのでしょうか。こうした評価の課題を克服する必要があります。

▼学習評価の工夫・改善のポイント

指導のねらいを見極める

例えば第3学年で、物語の登場人物の性格を把握して読むことがねらいであれば、さらにこれを、「登場人物の性格がよく表れている複数の言動を結び付けて性格を捉えることができる」などと明確化していきます。

思考・判断したことを表現する言語活動を通して評価する

右のねらいは、〔思考力、判断力、表現力等〕「C 読むこと」エの指導事項を基にしたものです。従って、「複数の叙述を結び付け、性格を把握する」ことをスキルとして与え、機械的に訓練させるのでは不十分です。子供の主体的な思考・判断なしには、作品中に無数に描かれた性格が覗われる描写のどれとどれとを結び付ければよいか判断できないからです。そこで「大好きな登場人物の性格を説明しよう」といった言語活動を工夫します。その際、複数の叙述を結び付けて性格を説明するパーツをもつリーフレット型ツールなどを活用することで、一人一人がどの叙述を結び付けて性格を捉えたかが明確に評価できます。

単元内の繰り返しの学習で確実に指導に生きる評価を行う

教科書教材のみならず、自分の選んだ作品にも生かして性格を把握できるようにすることで、教科書教材での評価を、選んだ作品での指導に生かすことができます。

8

情報の扱い方の授業づくりのポイント

▼「情報の扱い方」の内容構成

〔知識及び技能〕（2）の情報の扱い方に関する事項には、「情報と情報との関係」「情報の整理」の二つの内容が示されています。第3学年及び第4学年では次の通りです。

ア　考えとそれを支える理由や事例、全体と中心など情報と情報との関係について理解すること。

イ　比較や分類の仕方、必要な語句などの書き留め方、引用の仕方や出典の示し方、辞書や事典の使い方を理解し使うこと。

▼授業づくりのポイント

〔思考力、判断力、表現力等〕の指導を通して指導する

情報の扱い方など、〔知識及び技能〕の内容は、〔思考力、判断力、表現力等〕、つまり各領域の指導を通して指導することが基本です。年間指導計画を見通し、内容の関連を十分図って指導を行いましょう。

子供にとって知識及び技能を必要とする場面を工夫する

例えば前掲の「必要な語句などの書き留め方」は、メモの取り方に関わる知識及び技能ですが、様々なメモの種類を個別の知識として知っているだけでは十分ではありません。何が「必要な語句」なのかは、メモを取る目的によって変わってくるため、調査報告文を書く際に取材するために情報収集のメモを取るなど、必要性を実感できる工夫が重要です。

読書活動や調べる学習を支える生きて働く知識及び技能を育てる

例えば前掲の「事典の使い方を理解し使うこと」では、調べたい言葉をはっきりさせて、どの事典を用いるかを考えたり、目次や索引などを駆使して調べたりすることが必要になります。読書活動や各教科等での調べる学習に生きて働くものとなるよう、年間指導計画を見通して系統的・重点的に指導を行いましょう。

9

伝統的な言語文化の授業づくりのポイント

▼「我が国の言語文化に関する事項」の内容構成

〔知識及び技能〕（3）の我が国の言語文化に関する事項の内容構成は次の通りです。

○伝統的な言語文化　　○言葉の由来や変化

○書写　　　　　　　　○読書

このうち、伝統的な言語文化の具体的な内容について見てみると、例えば第1学年及び第2学年では次の通りです。

ア　昔話や神話・伝承などの読み聞かせを聞くなどして、我が国の伝統的な言語文化に親しむこと。

イ　長く親しまれている言葉遊びを通して、言葉の豊かさに気付くこと。

▼授業づくりのポイント

各学年で伝統的な言語文化に親しませる

現行学習指導要領と同様、伝統的な言語文化に生涯にわたって親しむための素地を養うことがとても大切です。一つの古典作品を細かく解釈させるのではなく、中学年であればいろいろな短歌や俳句に触れ、お気に入りを見付けたり声に出して響きを味わったりすることを重視しましょう。

コンパクトな言語活動を工夫する

伝統的な言語文化の授業でも言語活動を通して指導することが有効ですが、特に取り上げて指導する場合は多くの時間を充てることはできません。そこで例えば、大好きな短歌を集めて撰集をつくるなど、指導のねらいを実現するコンパクトな言語活動を工夫します。

日常生活との関連を図る

低学年であれば昔話などを読んだり、言葉遊びを楽しんだりする学習を踏まえて、日常的にそうした言語文化に触れられるような継続的な手立てが大切です。

10

読書の授業づくりのポイント

▼「読書に関する事項」の内容

〔知識及び技能〕（3）には読書に関する事項が次の通り示されています。

○第1学年及び第2学年　エ　読書に親しみ、いろいろな本があることを知ること。
○第3学年及び第4学年　オ　幅広く読書に親しみ、読書が、必要な知識や情報を得ることに役立つことに気付くこと。
○第5学年及び第6学年　オ　日常的に読書に親しみ、読書が、自分の考えを広げることに役立つことに気付くこと。

▼読書に関する事項の授業づくりのポイント

「読むこと」の指導と効果的に組み合わせて指導する

「読むこと」の指導のねらいは、読書に関する事項に示すねらいと相まって一層確実に実現できます。読むことの楽しさやよさを実感することで、読む力が一層高まるのです。そのため、読書に関する事項は、単に年間一回程度の読書単元で指導すればよいのではなく、「読むこと」の単元の指導を通して繰り返し確実に身に付くようにすることが重要です。

指導のねらいに応じた読書活動や選書の仕方を工夫する

長い間、教材文を時間をかけて場面ごと段落ごとに読み取らせるだけに偏っていた指導が、近年、ねらいに応じた読書活動を効果的に取り入れた授業改善によって大きく進展しました。並行読書の工夫がその代表例です。こうした改善の成果を生かす際には、指導のねらいとなる指導事項等にふさわしい読書活動や選書を工夫することが大切です。

学校全体で取り組み、読書環境や読書指導の体制を整える

一人の授業者だけで並行読書の本を選定したりそろえたり、ねらいにあった読書活動を開発したりするのは容易ではありません。校長のリーダーシップの基、授業で利活用しやすい学校図書館を整備するなど、学校全体で取り組むことが大きなポイントです。

第3章

「話すこと・聞くこと」の言語活動例と授業アイデア

CHAPTER 3

1

【第1学年及び第2学年】の言語活動例

ア　紹介や説明、報告など伝えたいことを話したり、それらを聞いて声に出して確かめたり感想を述べたりする活動

「伝えたいことを話」すという話すことに関する言語活動と「それらを聞いて声に出して確かめたり感想を述べたりする」という聞くことに関する言語活動とを例示しています。話すこと、つまりスピーチには様々な種類がありますが、ここでは低学年の子供たちの実態を踏まえて、「紹介」、「説明」、「報告」が例示されています。それぞれの特徴を踏まえたスピーチの指導が大切です。聞くことについては、聞いたことを声に出して確かめることと、感想を述べることが例示されています。この他、いくつの事柄を聞いたのか数えながら聞くことなども考えられます。話すことと一体的・同時的に指導することが大切です。

▼授業化のポイント

子供たちが話したい、聞きたい話題を工夫する

低学年の話すこと・聞くことの指導では、子供たちが話したり聞いたり話し合ったりする楽しさを十分実感できるようにすることが大切です。例えばとっておきの宝物を紹介したり、グループで探検して発見したことを報告したりするなどの学習が考えられます。

伝えたいことを挙げて、話す順序をはっきりさせる

低学年では、何を話すかをはっきりさせる取材の際、実物を手にして話したいことを見付けたり、スピーチしたい事柄を絵に描いて伝えたい事柄を明確にさせたりすることが有効になります。例えば宝物を紹介するスピーチであれば、子供自身の大切な宝物を手にして何を紹介するかを考えたり、紹介する順序を考えたりすることでより発想しやすくなります。宝物を紹介する際には、その外形（色や形、使い方など）だけではなく、お気に入りのところや、どのような経緯で宝物になったのかを紹介することもポイントです。

自分が聞きたい大事なことを落とさずに聞くことを重視する

低学年の子供たちにとって、しっかり聞くことができるようにするための指導はとても重要です。その際、「聞いてよかった」といった思いを実感できるようにすることと、聞き手である自分自身が聞きたい大事なことを聞くように促すことが指導のポイントです。新学習指導要領では、聞くことに関する資質・能力として、「エ　話し手が知らせたいことや自分が聞きたいことを落とさないように集中して聞き、話の内容を捉えて感想をもつこと。」が示されています。「宝物紹介」であれば、どんな宝物なのか、どのような経緯で宝物になったのかなど、聞きたい思いを膨らませることを重視します。姿勢を正しくして聞くことと同様に、いえ、それ以上に身を乗り出して聞く姿を大切にしましょう。

日常的に指導し、繰り返しの学習で定着を図る

低学年では、時間をかけて指導しても、学期に一回程度しか学習の機会がなければ十分には話す・聞く能力は身に付きません。話すこと・聞くことの単元で身に付けた能力を、国語科の他領域の学習や各教科等の学習で生かすことが大切です。例えば、「(まとめて話すのではなく、)順序を区切って話しましょう。区切ったところで、『はじめに』、『次に』などの言葉を付け足すといいですよ。」といった具体的な指示を工夫しましょう。

▼言語活動のアイデアと指導のポイント

単元名「宝物を紹介しよう」（第1学年）指導事項Aア、エ

単元の指導過程とポイント

第一次（一時間）

・教師の宝物紹介を聞き、学習の見通しを立てる。

☆単元の導入前から学年便り等で、宝物紹介の学習を行うことを家族にも知らせ、実物や写真などを準備できるようにしておく。

第二次（二時間）

・宝物の実物や写真を見ながら、何をどんな順序で話したいか考え、話す練習をする。

☆話したいことは項目ごとに付箋に書き、台紙に貼り出して順序を考えられるようにする。

☆代表ペアのやりとり（紹介→質問・感想）を見てモデルにし、隣どうしで紹介し合う。

第三次（一時間）

・ペアを替えながら何度も紹介し合い、学習のまとめをする。

2

【第1学年及び第2学年】の言語活動例

イ　尋ねたり応答したりするなどして、少人数で話し合う活動

「尋ねたり応答したりする」など、話し合うことに関する言語活動を例示しています。少人数で話し合う際、低学年の実態を踏まえて、同じペアで繰り返し話し合ったり、相手を次々に替えて話し合ったりすることが考えられます。また指導のねらいや話題を踏まえて、三人～四人程度のグループに発展させていくことも考えられます。特に入門期においては、友達と話し合うことでお互いの思いや考えを伝え合うことができることに気付いたり、そのよさを実感したりする言語活動となるようにすることが大切です。

▼授業化のポイント

対話する楽しさを味わわせる

低学年の対話の指導で重要なのは、対話することによる楽しさを十分味わわせることです。そのための話題としては、子供たちにとって関心をもちやすい絵について好きなところを説明し合ったり、学校行事の写真を見て楽しかったことを思い出して話し合ったりすることが考えられます。手元に絵や写真があることで、話したり聞いたりしたい事柄を見付けやすくなります。

具体的なやりとりを想定する

どのような対話ができればよいのかをできるだけ具体的に想定しておきましょう。そのためには教師自身が、できれば学年担任どうしなどで対話してみることがとても有効になります。例えば次のような話し方をできるだけ多様に想定してみましょう。

○自分の思いや考えを話すための言葉（例「この絵って、……しているところだよね。私はここがいいなあと思うよ。」等々）
○相手に尋ねるための言葉（例「△△さんは、どこが好き?」等々）
○尋ねられたことや相手の言葉に対して返す言葉（例「私もそこがいいなあと思ったよ。」等々）

これらのうち、特に子供たちが使えるようになってほしいものを紙板書などで準備しておくとよいでしょう。

やりとりのイメージを共有する場を工夫する

すぐに「ペアで話し合ってごらん。」と指示しても、何をどのように話すのかが分からないままに活動に入ってしまうことが少なくありません。また、教師が対話のポイントを指示したとしても、低学年ではすぐにそれを自分たちの対話に取り込むことは難しい場合が多いものです。そこで例えばペア学習に入る前に、教師と子供、子供と子供のやりとりを一斉学習場面で行い、対話を進めるためのポイントや具体的な発話のやりとりについて、全員で共有化することが有効です。また、対話する際は対面するばかりではなく、隣どうしで座って対話するなど、向き合う姿勢を具体的に共通理解することが大切です。

学んだことを日常的に活用する場を工夫する

目的をもって対話する言語活動は、各教科等の学習の基盤となる重要なものです。話すこと・聞くことの学習で学んだことを、例えば算数科で解き方を説明し合ったり、生活科で発見したことを紹介し合ったりする際に、意識的に活用できるようにすることが大切になります。

▼言語活動のアイデアと指導のポイント

単元名「町探検で見つけたことを家の人に伝えよう」（第2学年）指導事項Aイ、オ

単元の指導過程とポイント

第一次（一時間）

・生活科の町探検で撮影した写真を基に、どんな発見を家の人に報告するかを話し合うという課題を設定する。また、ペアで対話しながらどの写真がいいかを考える。

☆教師と子供のペアでモデルを示し、話し合うことで一層話題が広がるよさを実感できるようにするとともに、一緒に探検した子供どうしでペアを組んで対話できるようにする。

第二次（一時間）

・写真を基に、対話を通して家の人に報告したい内容を見つけたり膨らませたりする。

☆前時の対話の様子を想起したり、教師と子供、子供どうしの対話のモデルを見聞きしたりして対話のイメージをもつ。

☆対話して膨らんだことを紹介し合い、どんな言葉が対話を進めたのかを確かめる。

【第3学年及び第4学年】の言語活動例

ア　説明や報告など調べたことを話したり、それらを聞いたりする活動

「調べたことを話」すという話すことに関する言語活動と「それらを聞いたりする」という聞くことに関する言語活動とを例示しています。

話すこと、つまりスピーチの種類としては、「説明」と「報告」が例示されています。これらは第1学年及び第2学年でも示されています。しかし全く同じ活動を繰り返すという趣旨ではありません。低学年では第1学年及び第2学年の指導事項等を踏まえた言語活動として具体化するのと同様に、中学年では第3学年及び第4学年の指導事項等を踏まえて具体化した「説明」や「報告」などを行うこととなります。

聞くことについては、「説明」や「報告」を聞き、質問したり感想を述べたり、自分の考えを広げたりする言語活動が例示されています。

▼授業化のポイント

指導事項を踏まえる

低学年と同様に示されている「説明」や「報告」であっても、その言語活動を通して指導する資質・能力、つまり指導事項は異なります。そのため、説明や報告の仕方も指導事項を踏まえてグレードアップしなければなりません。例えば「報告」する場合であれば、低学年では報告した内容を事柄や時間の順序に沿って述べることがポイントとなりますが、中学年では、相手に伝わるように、理由や事例などを挙げながら、話の中心が明確になるようにして報告することなどが必要になります。そのため、例えば報告する際に、よりよく伝わるよう事例を選んで話したり、そのような状況になった理由を述べたりするなどといったポイントを踏まえて言語活動を具体化する必要があります。

音声化しながら学習を進められるようにする

話題を考えたり材料を選んだり、構成を考えたりする過程は、書くこととの共通の要素を多く含みます。その一方で、せっかくスピーチの内容や構成を考えても、いよいよ話す際に思いのほかうまく伝わらないこともあるものです。話すこと・聞くことの資質・能力を育む上では、取材したり構成を考えたりする際にも、例えばどのように話すのか、実際に声に出して自分で確かめたり、試しにペアになって聞き合い、伝えたいことが伝わるかどうかを確認してもらったりすることが有効です。

どのような言語活動なのかを具体的に想定して子供と共有する

例えば興味をもったことについて調べ、さらに分かったことを説明したり、それらを聞いて感想や意見を述べたりするといった言語活動を行う場合、説明は一人で行うのか、グループで行うのか、資料は提示するのかしないのか、また説明を受けてどのような感想や意見のやりとりを行うのかなどを、具体的に想定することが大切です。こうしたこまごましたことも、指導のねらいや評価を考えるとおろそかにはできません。またそれをできるだけ早い段階で子供と共有することが望まれます。

他教科等との関連を図り、説明、報告する必要性や価値を実感できる場を設定する

スピーチのテーマは、子供たちにとって必要性や価値を実感できるものにすることが大切です。その際、他教科等の学習内容を生かすことで、時間をあまりかけることなくより効果的に話題を設定することができます。

▼言語活動のアイデアと指導のポイント

単元名「私たちの住む町の様子を報告しよう」(第3学年) 指導事項Aイ、ウ

単元の指導過程とポイント

第一次(一時間)

・社会科でグループごとに町の様子を調べ、絵地図にまとめた学習を基に、その内容を報告するという学習のめあてを設定し、どのように報告すればよいか話し合う。

☆話題設定、情報収集は社会科の学習成果を活用することとし、国語科では構成と表現の過程に重点を置いて指導する。

第二次(一時間)

・調べた内容に応じて、例えば商店街にはどんな店があるかを事例を挙げて話したり、なぜ特定の店が多いのか、集めた情報を基に理由を挙げて話したりできるよう準備する。

第三次(一時間)

・報告会を行い、感想や意見を述べ合うとともに、学習を振り返る。

4

【第3学年及び第4学年】の言語活動例

イ　質問するなどして情報を集めたり、それらを発表したりする活動

話すこと・聞くことに関わって、情報収集する言語活動を例示しています。情報収集の手段は様々考えられますが、ここでは音声言語を用いて情報収集する言語活動の代表的なものである「質問する」ことが示されています。

情報を集めることに加えて「それらを発表したりする」ことが示されているのは、得た情報をどのように活用しようとするかによって、何をどのように質問するかが決まってくるからです。

▼授業化のポイント

情報収集の目的を明確にする

先述のように、情報収集の在り方はそれをどのように活用するかをどれぐらい明確に押さえているかによって決まります。まず質問を考えて情報を集め、その後それをどのように発表するのかを検討するのではなく、最終的な発表の内容や方法をできるだけ具体的に思い描いた上で、必要な情報は何かを考えられるようにすることが指導の効果を高めます。そのため、単元の導入部では、得た情報を発表するなどのゴールイメージを子供とはっきり共有するとともに、子供一人一人が自分はどんなことを発信したいのかを明確にするための手立てを工夫する必要があります。

聞きたいことの中心を明確にして聞く力を育てる

インタビューの際、話し手が話す内容をすべてメモしようとして、結果的に途中でメモすることをあきらめてしまうといった状況が見られることがあります。指導事項に「エ　必要なことを記録したり質問したりしながら聞き、話し手が伝えたいことや自分が聞きたいことの中心を捉え、自分の考えをもつこと。」とあるように、自分が質問したことなどに対して、話し手が中心的に伝えようとしていることは何か、自分が聞きたいことの中心に関わる事柄かなどを考えながら、どの内容をメモするかを判断する必要があります。

目的に応じてメモを取り、それを活用する場を位置付ける

より具体的には、「最終的な発表に生かせそうな情報かどうか」を考えて、生かせそうなところを素早くメモできるようにするのです。こうしたことを確実に行うためにも、前に述べたように、どんなことを発表しようかということをできるだけ早い段階で、具体的に想定できるようにしておくことが大切なポイントです。

また、取材メモの材料をどのように選んだり組み合わせたりして発表原稿などにまとめるのかを指導することが、次の機会にメモをよりよく取れるようにするための大切な手立てになります。つまり、単元間の関連を図った繰り返しの指導が大切なのです。

よりよい質問の具体的なポイントを指導する

相手に質問する際、準備していた質問事項を順番通りに聞き取るだけになってしまう状況が見られることもあります。質問を準備する際には、どんな答えが返ってくるかを予想できるようにしてみましょう。予想通りの答えが出なかった場合に、「それはなぜなのですか」などと追加の質問ができるようにします。また取材するに当たっては、取材したことをどのように用いる予定なのか、そのためにどのようなことを聞きたいのかを、相手にはっきりと伝えることが大切です。

▼言語活動のアイデアと指導のポイント

単元名「情報を集め、学校生活のめあてを設定しよう」（第4学年）指導事項Aア、エ

単元の指導過程とポイント

第一次（一時間）

・よりよい学校生活を送るために、先生や職員の方々はどんなことを四年生に期待しているのかを質問して調べ、学年集会で報告するというめあてを設定する。

☆既習の言語活動である「報告」を想起し、最終的な発信の場のイメージをもつとともに、教職員はどんなことを期待しているかを予想し、質問する相手を決める。

第二次（二時間）

・報告内容としてどんな情報を盛り込みたいかを考え、何を質問したいか、どんな答えが予想されるかを想定した上で、質問して取材する。必要に応じ追加取材する。

第三次（一時間）

・報告会を行い、感想や意見を述べ合うとともに、質問の仕方について振り返る。

5

【第3学年及び第4学年】の言語活動例

ウ　互いの考えを伝えるなどして、グループや学級全体で話し合う活動

話し合うことに関する言語活動を例示しています。話し合う形態としては、学年の発達の段階を踏まえて、グループで話し合うことと学級全体で話し合うこととが例示されています。話し合いの形式は目的に応じて多様に考えられます。緩やかな雰囲気の中でいろいろな発想を出し合うのであれば、グループで、あまり形式ばらずに話し合うことが考えられます。また全員で協議して合意を形成するためには、学級全体で司会や提案、記録などの役割をはっきりさせたり、協議の柱を設定したりして話し合うことが考えられます。

▼授業化のポイント

話し合う目的と形式を明らかにする

どのように話し合うかは、何を目的として話し合うかによって決まります。指導のねらいによっては、目的に合わせて、どのような話し合いをするのかを考える学習を位置付けることも考えられます。

学習の振り返りの視点を明らかにする

特に学級全体で、司会や提案、記録などの役割を決めて話し合う言語活動の場合、学級会の指導との区別がつきにくい場合があります。あくまでも話すこと・聞くことの指導事項や関連する〔知識及び技能〕の事項を指導するための言語活動ですので、めあての設定や振り返りの際には、話し合う力を高めるための学習であることを子供と共有化しましょう。その際、例えば学習の振り返りでは次のようなポイントが挙げられます。

○司会や提案、記録などの役割について、どのような工夫が見られたか。
○参加者のどのような発言が、話し合いの目的に照らしてよかったか。
○話し合いが停滞したときに、誰のどのような発言が話し合いを前に進めたか。
○話し合いを進めるために、前もって準備していたことがどのように役立ったか。
○話し合うことにはどのようなよさがあったか。

学んだことを各教科等の学習で繰り返し取り入れる

低学年の対話と同様、グループで話し合うことは他教科等の学習の基盤ともなる重要な言語活動です。話すこと・聞くことの学習で身に付けた、グループ協議を進める能力を、意図的・計画的に国語科の他の領域の学習や他教科等の学習で使うことができるようにしましょう。例えば理科の学習で、予想や仮説を立てる際は、これまでの自然事象への認識を振り返ったり、観察や実験の結果分かったことを踏まえたりして、多角的に考えて意見を述べ合うことが考えられます。また観察や実験の結果を踏まえて考察する際は、結論を絞り込んで何が言えるのかを明らかにする話し合いを行うことが考えられます。

少人数の学級における指導を工夫する

地域や学校によっては、学級の児童数が極めて少なく、話し合いが成立しにくい場合もあります。しかし子供たちが将来広い世界に羽ばたく存在として成長すべきであることをも踏まえると、例えば異学年交流や、地域の方々との交流、通信技術を生かした遠隔地の学校の児童との交流などを積極的に取り入れていく必要があります。またより日常的な手立てとしては、教師が多様な視点で話題を提供する役割を意図的に担ったり、「もし別の考え方をする人がいたらどんな風に考えるだろう」などと助言したりすることも有効です。

▼言語活動のアイデアと指導のポイント

単元名「グループで取り組むことを決めよう」（第3学年）指導事項Aオ

単元の指導過程とポイント

第一次（一時間）

・グループが協力して取り組むことを決めたり優先順位を考えたりするという課題を設定し、話し合ってみる。

☆話し合うことで、結論が出ない、目的からそれてしまうなど、改善すべき課題を見出す。

第二次（一時間）

・前時を踏まえ、話し合いの際に必要な事柄を考え、グループで取り組むことを話し合う。

☆結論は一つに絞るのでなく、列挙して優先順位を考えること、といった目的の確認、必要に応じて司会を立てるなどの役割分担、話し合いの手順確認などの必要性を確かめる。

第三次（一時間）

・他の話題についても司会を替えて繰り返し話し合い、学習を振り返る。

6

【第5学年及び第6学年】の言語活動例

ア　意見や提案など自分の考えを話したり、それらを聞いたりする活動

「自分の考えを話」すという話すことに関する言語活動と「それらを聞いたりする」という聞くことに関する言語活動とを例示しています。

話すこと、つまりスピーチの種類としては、「意見」や「提案」が例示されています。意見を述べるスピーチであれば意見の基になった事実など、根拠を明確にしたり、その根拠が意見とどのように結び付くのかなど、理由をはっきり述べたりすることが特に重要になります。提案するスピーチであれば、提案する内容は具体的なものであるとともに、提案を受ける相手が納得できて実行可能なものである必要があります。

この他にスピーチの種類としては、対象のよさを分かってもらうための「推薦」や、物事の成り立ちや特徴などを理解してもらうための「解説」なども考えられます。

▼授業化のポイント

スピーチの種類や特徴を明確にする

前述のようなスピーチの種類やそれに付随する特徴は、必ずしも固定的なものではないため、授業に当たっては一般的な特徴を踏まえながら、本単元では特徴をどのように押さえるのかをはっきりさせる必要があります。例えば低学年に例示されている「紹介」と高学年に例示されている「提案」とでは共通する特徴もありますが、提案理由や実行の可能性が重視されるなど、提案に固有の特徴があります。そうした特徴のうち特にどの特徴を取り上げて授業に取り入れるかを明らかにするためにも、教材研究段階では、教師自身がそのスピーチを実際に行ってみて特徴を捉えたり、他の教師と協力して実際に質疑応答したりすることで、指導のねらいの実現にふさわしいかを確かめることが重要になります。

話す目的や意図を明確にする

例えば推薦するためのスピーチを行う場合、どのようにスピーチをつくったり話したりするのかは、その目的や意図によって異なってきます。例えばあまり予備知識のない聞き手に対して推薦するスピーチを行うのであれば、対象のよさを知ってもらうことが目的となり、そのために代表的な特徴を挙げてより多くの聞き手に理解してもらおうという意図で話すことなどが考えられます。その際は、いきなり対象のよさをアピールするのではなく、聞き手の理解を促すスピーチの冒頭部を工夫することなどが大切になります。これに対して事前の知識をもっている聞き手に対してなら、対象のよさをより深く理解してもらうという目的で、特に取り上げて理解を促したい特徴を重点的にアピールするといった意図をもってスピーチを工夫することなどが考えられます。

聞き手への話すことと並行した指導を工夫する

スピーチを受けての意見交換が、一部の子供どうしのやりとりだけになってしまうことがあります。スピーチの話し手への指導は、話題設定、取材、構成、音声化と学習過程に沿ってきめ細かく行われるのに対して、聞き手への指導は聞く場面の直前になって始まることも多いようです。「話題の設定、情報の収集、内容の検討」の指導事項アは、聞くことにおいても重要です。何をどんな材料を用いてどのような言葉で話すのかを考えるという話し手への指導と並行的に、「何についてどのように聞き、どのように質問して自分の考えを形成するのか」といった聞き手への指導を重視しましょう。

▼言語活動のアイデアと指導のポイント

単元名「学校をよりよくするための提案をしよう」（第6学年）指導事項Aア、イ

単元の指導過程とポイント

第一次（一時間）

・全校に向けて、六年生としてよりよい学校づくりのための提案をするという課題を設定し、提案の場面や状況を確かめるとともに、提案のために必要な条件を考える。

☆提案理由や、全学年で実行可能かなどの条件を話し合い、目的や意図を明らかにする。

第二次（二時間）

・一人一人、提案内容と条件を踏まえた構成を考えグループ内で聞き合い、助言し合う。

☆指導事項Aア、イに基づき、材料選択や構成に重点を置く。

第三次（一時間）

・全校児童に向けた提案スピーチを行い、学習を振り返る。

☆児童数が多い場合は、タブレットで個々のスピーチを録画し、「提案集」にまとめる。

7

【第5学年及び第6学年】の言語活動例

イ　インタビューなどをして必要な情報を集めたり、それらを発表したりする活動

音声言語を用いて情報を収集したり、収集した情報を発信したりする言語活動を例示しています。情報収集の手段としては、インタビューが例示されています。ここでいうインタビューは、収集した情報を整理し、広く発信することを前提とした情報収集活動です。そこで、どのような発信をするのか、そのため誰から、どのようなことを聞くのかといったことを事前に十分に想定しておくことが大切です。また、用意した質問を順序よく聞くだけでなく、質問するなどしてその相手にしか語れない言葉を引き出すことが大切になります。インタビューしたことを基に情報を整理し発信することを繰り返すことで、次にインタビューする際、どんなことを相手から引き出せばよいのかがつかめるようになり、より効果的に情報収集できるようになります。

▼授業化のポイント

必要とする情報が何かを明確にする

とりあえず相手を決めて質問項目を考えるだけでは、「話し手の目的や自分が聞こうとする意図に応じて」聞くといった指導のねらいは実現しにくいものです。そこで、最終的に発信したいことは何か、そこに向けて、現状はどんな情報が不足しているのかなどを明らかにすることが重要です。例えば、自分たちが所属するクラブ活動の魅力をこれから所属クラブを選ぶ下級生に知ってもらうためにインタビューするなら、活動の魅力は自分たちの体験を通して明らかにできるけれど、下級生の関心事がよく分からないといったことがあるでしょう。こうしたことを通して、インタビューする目的をはっきりさせましょう。

誰にインタビューするかを考える

インタビューが成功するかどうかは、誰にインタビューするかによってほぼ決まってしまいます。つまり自分が聞こうとする意図を明確にして、誰にインタビューするかを考える必要があるのです。先述のクラブ活動の魅力を発信する場合は、下級生がクラブ活動に対してどのような期待や不安をもっているかを把握するためにインタビューするといったことが考えられます。また漠然と質問するのではなく、まずどのような不安があるかを聞き取り、その不安を解消する情報を複数提示した上で、どのような情報があれば不安を取り除けそうかを詳しく聞くなど、インタビューする意図を明確にした聞き方を工夫することが大切になります。

インタビューしたことを基に情報を整理し発信する場を工夫する

インタビューそのものはあくまでも情報収集の活動です。つまり情報活用の過程の一部分なのです。そのため、それを発信することによって、目的の設定、情報収集、整理、発信という一連の過程を含んだ言語活動となります。

その人にしか語れない言葉を引き出す

その道の熟達者にインタビューするのであれば、その道を究めているからこそ語れる言葉を引き出すことが可能です。しかし必ずしも熟達者にインタビューしなければならないわけではありません。クラブの魅力紹介の例なら、下級生の不安や期待の高まりについて生の声を聞くようにすればよいのです。そのためにも、是非とも聞きたいという思いを相手に明確に伝えることが大切になります。

▼言語活動のアイデアと指導のポイント

単元名「クラブ活動の魅力を発信しよう」（第5学年）指導事項Aエ

単元の指導過程とポイント

第一次（一時間）

・所属するクラブを選ぼうとしている下級生に、自分たちのクラブの魅力を伝えるスピーチを行うというめあてを設定し、新たに収集が必要な情報は何かを考える。

第二次（二時間）

・最終的な発信の概略を考えた上で、そこに向けて誰に、どのような内容をインタビューする必要があるのかを明らかにし、インタビュー内容と方法を考えてインタビューする。

第三次（三時間）

・インタビューして得た情報を整理し、魅力を解説するスピーチを行う。

☆タブレットでスピーチを録画し、下級生が視聴できるようにする。

☆必要に応じて追加取材するなどして、発信に必要な情報を集められるようにする。

8

【第5学年及び第6学年】の言語活動例

ウ それぞれの立場から考えを伝えるなどして話し合う活動

話し合うことに関する言語活動を例示しています。「それぞれの立場から考えを伝え合う」話し合いの形態は、グループや学級全体が考えられますが、より小さな、あるいはより大きな集団で話し合うことも想定されます。話し合う際の方向性としては、様々な立場から考えを述べ合い、各自の考えを広げたりより確かなものにしたりする話し合いと、話題について様々な視点から検討して、結論を一つに絞り込んでいく話し合いとがあります。話題に対して合意形成を図る協議、異なる立場の提案者の提案を受けて一人一人が考えを確かなものにするパネルディスカッション、短時間で合意を形成したり、疑問を解決したりするグループ協議など、話し合いの目的と、それに伴う形態、種類、条件などをはっきりさせて言語活動を具体化することが大切です。

▼授業化のポイント

話し合いの目的と方向性を明らかにする

話し合う目的によって、どのような形態や種類、条件の下に話し合いを進めればよいのかが決まります。目的を確認したら、これまでの学習を振り返り、どのように話し合いを行うのかを考えられるようにしましょう。また決められた時間内で話し合いの目的を達成するためには、どのような方向でどこまで話し合うのかという見通しをもたせることが必要です。一定の結論を導き出すのか、いくつかの枠組は共通に確認し、細部は各自で考えられるようにするのか、もし時間内に結論を得られなかった場合はどうするのかなどについて、話し合いの冒頭部で確認することが大切です。司会を立てて話し合う場合は、話し合いに臨む前にこうした見通しをもてるように事前の指導を丁寧に行いましょう。

聞き手への指導を同時的・一体的に行う

パネルディスカッションのような形式で話し合う場合、パネリストの提案はきちんとできるものの、その後のディスカッションがうまく進まない場合があります。その一因に、パネリスト、つまり話し手は話題に対して考えを形成して話しているのに対して、フロアや自分が話す順番を待つパネリストは、提案者の考えに対して自分の考えをもつことができていないことが挙げられます。リアルタイムで進行する話し合いで、提案された考えに即時に自分の考えをもてるようにするためには、話し手への指導と同様、事前に話題に対して考えをもてるようにしたり、提案者の提案を事前に想定したり事前情報として得たりできるようにするなど、聞き手に対して、話し手への指導と同時的・一体的な指導の工夫が大切になります。

スピーチの種類や特徴を踏まえて話せるようにする

大人が行うパネルディスカッションであっても、パネリスト同士の意見がかみ合わず、一人一人が独自の意見を述べるだけになってしまうことがあります。提案スピーチと、パネルディスカッションのパネリストとしての提案とでは、同じ提案であっても話し方が異なるのです。どちらも提案理由を明確にして話すという点では同じですが、前者は聞き手全員が自分の提案に賛同してもらえるよう、具体的に、そして誰もが実行可能なものを提案することが重点となります。これに対して後者は、聞き手が他のパネリストの提案と比較検討して自分の提案を聞くことが前提となりますから、他の提案と比べた場合に自分の提案はどのような特長があるのか、パネリストの提案を受けて、どのような点を協議してほしいのかなどを提案の中に盛り込む必要が出てきます。さらには、より短い時間で自分の提案をしなければならないため、最も典型的で効果的な事例などを吟味して話すことも求められます。

話し合いをよりよく進める言葉を蓄積する

話し合いを振り返る際、どのような言葉を用いることで目的に向かって話し合いが促進されたのかを振り返ることができるようにしましょう。その際、例えば次のような発言が出るように事前にできるだけ多く例示しておくことも効果的です。

○今までの意見で、……という点では全員共通ですね。
↓合意形成を促す確認

○二人の意見で違うところは……という点です。この点に絞って話し合ってみましょう。
↓議論を焦点化する提案

○出された提案について、皆さんは自分だったらできそうかどうかを考えて意見を述べて下さい。
↓聞き手を共通の土俵に立たせ、自分事としての思考を促す発言

○……さんの提案について、自分は……なので賛成だけれど、反対の考えの人の意見を聞いてみたいので、意見をお願いします。
↓多面的な検討を求める発言

学んだことを多様な学校生活の場で生かせるようにする

高学年では、委員会活動やクラブ活動、縦割りのメンバー構成での通学班や清掃班などで話し合いを進める機会も多くなります。こうした場で話し合いをうまく進められるように、話すこと・聞くことの学習を生かせるようにするとともに、これらの場を話すこと・聞くことの学習の話題にすることも考えられます。例えば、「通学班の約束を、どの学年のメンバーも納得できるように決めるための話し合いの進め方を考えよう」といった課題など、子供たちにとって必要性や価値を実感できる話題を工夫してみましょう。

▼言語活動のアイデアと指導のポイント

単元名「パネルディスカッションを通して学校のためにできることを考えよう」

（第6学年）指導事項Aオ

単元の指導過程とポイント

第一次（一時間）

・最高学年として一人一人が学校のためにできることを考え実行するという目的に向け、

パネルディスカッションを行い、自分の実行課題を決めるというめあてを設定し、話し合いの進め方や役割を決めたり、自分が現時点で取り組みたい課題を考えたりする。

☆実行課題は各自が決めるものであり、そのためにパネルディスカッションを行うのだということを確認する。

第二次（一時間）

・代表パネリスト（三名×二回）は提案内容を決め、提案の骨子を全員に提示する。

☆聞き手も自分が取り組む課題を考えるとともに、パネリストによる提案の骨子を踏まえて、ディスカッションの際に聞きたい質問や述べたい考えを明確にする。司会者は教師と打ち合わせを行う。

第三次（二時間）

・パネルディスカッションを二回行い、各自が話し合いを通じてどのような実行課題を決めたのかを発表する。

☆話し合いを促進する発言を共有していく。

第4章

「書くこと」の言語活動例と授業アイデア

CHAPTER
4

1

【第1学年及び第2学年】の言語活動例

ア　身近なことや経験したことを報告したり、観察したことを記録したりするなど、見聞きしたことを書く活動

各教科等の学習の基盤となるような書くことの言語活動を例示しています。

文章には様々な種類がありますが、ここでは低学年の子供たちの実態を踏まえて、「報告」が例示されています。この他には、話すこと・聞くことにも例示されていた「紹介」や「説明」の文章を書くことも考えられます。また書く対象や題材としては、「身近なことや経験したこと」が例示されています。学校や家庭、地域等子供たちの日常生活の様々な場面から、書きたい思いや伝えたい願いが膨らむ題材を工夫して具体化することが大切です。

また、「記録」する言語活動が例示されています。記録する対象としては「観察したこと」が代表例として挙げられています。この他にも出来事の様子を記録するこ

となども考えられます。記録しておくことで、後々までその様子やそこから気付いたことが分かるなどのよさを味わわせることが大切です。

▼授業化のポイント

子供たちが書きたい、伝えたい題材を工夫する

低学年の書くことの指導では、子供たちが書くことのよさを十分実感できるようにすることが大切です。特に一年生では、今まで話し言葉で表現してきたことが、書くことによって形として残ったり、遠くにいる相手に伝わったりすることが大きな喜びとなります。こうしたよさを十分味わえるように、書きたい、伝えたいという思いが膨らむ題材を、子供の姿をよく見極めて設定することが大切です。

書きたい思いが膨らんだタイミングを逃さない

低学年では、書きたい思いが色あせないうちに表現する場を設定することがとても大きな指導のポイントになります。むしろ最大の支援と言ってもよいでしょう。

子供たちの日常の発話をよく聞いてみましょう。体験が印象的なものであれば、生き生きとした表現がたくさん飛び出していることでしょう。ところが、取材や構成、文章記述の指導を丁寧にしても、体験したことなどが一週間も前のことになってしまったりすると、楽しかった、面白かったなど、通り一遍の表現しか出にくいものです。

そこで、体験した後、できるだけインターバルを短くして書く学習を設定することによって、その時実感した、新鮮な感覚をその子供らしい表現で記述しやすくできるようにするのです。

入門期の実態に配慮した指導を工夫する

入学してすぐの一年生は、既に文字をすらすら書ける子供がいる一方で、一文字一文字の書き方を習得していく段階の子供も多いことでしょう。しかし、平仮名全てを習得してから文や文章を書かせようとすると、指導の時期はかなり遅くなってしまいます。子供たちが文字によって自分の思いを形にすることができるのだという新鮮な感覚が消えてしまわないうちに、不完全でもよいので自分が見聞きしたり話したり思ったりしたことを、文や文章に書く学習をスタートさせる必要があります。

そこで、文や文章を書く際に、未習の文字を使いたい場合は、平仮名の五十音表から見付けて書いたり、○や□などに置き換えて書いたりするなどの手立てを工夫するとよいでしょう。助詞の「は」、「を」、「へ」なども最初は正確な使い分けが難しい状況が見られますが、文章を書き慣れていく中で徐々に指導し、一年生の終わりまでに確実に表記することができるように見通しをもって指導していきます。

また一年生のうちは、記述するにも時間を要することが多いものです。その際、口頭作文を活用することが有効です。一時間かけて一文だけ書くのでは、文章を形作る構文力が十分に育ちません。そこで、伝えたい思いが膨らんだら、それを自分で声に出して言ってみたり、ペアになって相手に聞いてもらったりするのです。こうしたことを繰り返しつつ伝えたい思いがはっきりしてきたり、文体が整ってきたりした後に、それをじっくり文字化するようにしてみましょう。

入門期には、こうした指導の手立てに加えて、家庭との連携が欠かせません。前述のような指導のポイントを保護者と十分共有するとともに、子供が書いた文や文章を学級便り、学年便りなどで紹介することが、保護者の理解や協力を得る上で極めて有効です。

日常的に指導し、繰り返しの学習で定着を図る

書くことの能力定着には、繰り返し書くことが不可欠です。その際、機械的に書く訓練

をさせるのでは十分な効果は得られないばかりか、書くことを嫌いにさせてしまう原因にもなりかねません。

そこで日常生活の様々な場面を生かして、短い文や文章を書く時間や場面をできるだけ多く設定します。例えば、生活科などの学習場面で書くことはもちろん、学級などで飼育したり栽培したりしている動植物を見て発見したことを書いたり、霜柱が立つような寒い朝、登校してすぐにその様子を思い出して書いたり、プールから戻ってきてすぐに、シャワーを浴びた様子を文章にしてみたりと、いろいろな場面が考えられます。書いて言葉にしてみることの楽しさ、書いて伝えることのよさを味わえる場面を、子供と日々過ごす教師の目線でたくさん見付けてみましょう。

▼言語活動のアイデアと指導のポイント

単元名「見付けたことを書きましょう」（第1学年）指導事項Bア、ウ

単元の指導過程とポイント

第一次（一時間）

・学級で育てている生き物を観察して、面白い、いつもと違うなど気付いたことを文章に書くという学習のめあてを設定する。
☆教師が発見したことをその場で文章化してモデルを示し、見通しを立てやすくする。
・生き物を観察して、書きたいことをたくさん見付ける。
☆書きたいことを発見した子供は口頭作文をして、全体で共有したり、ペアになって聞いてもらったりする。
・文体が整った子供から、一～二文程度で文章に書く。書いたら声に出して読んでみる。
☆未習の文字等がある場合は、○印に置き換えて書いておくようにし、教師が後で書き足しておく。次時に備えて書きたい事柄を見付けるよう指示する。
第二次（一時間）
・前時を振り返り、自分が発見したことを口頭作文した後に記述する。
☆一日に二時間国語の授業がある場合は、間の時間に書きたいことを見付けられるよう声かけをする。
☆書いた文章は、学級便り等で何回かに分けて保護者にも紹介していく。

2

【第1学年及び第2学年】の言語活動例

イ 日記や手紙を書くなど、思ったことや伝えたいことを書く活動

日常生活の中で書くことに関する言語活動を例示しています。文章の種類としては、「日記」、「手紙」が例示されています。学校で書く日記は、教師に読んでもらうことが暗黙の前提となる場合が多いものですが、基本的には備忘録のように自分自身が書いて記録するという特徴を有しています。書いた後読み返すことによって、場合によっては数十年後も、その当時感じた思いなどをありありと思い起こすことができるというよさがあります。これに対して手紙は、通常は特定の相手に対して書く文章です。離れたところに住む相手に対して自分の思いを伝えられるというよさがあります。一語一語、一文一文言葉にしていくことで、相手の姿を想い描きながら、伝えたい思いを明確にしていくことができるという魅力もあります。

▼授業化のポイント

相手や自分に向けて書く楽しさやよさを味わわせる

日記を書くことや、手紙を書いて伝えることの楽しさを味わわせることで、日常的に書く習慣を形成したいものです。例えば教師が書いた、年度当初の子供たちと入学式や始業式で出会った日の日記を紹介するなどの工夫も考えられます。また自分がもらってうれしかった手紙を読んで聞かせてもいいでしょう。

手紙などの特徴を生かした推敲を工夫する

低学年の子供たちは、書き終えた文章を読み返してみようと指示しても、書き終えた満足感でいっぱいになってなかなか読み返せないことがあります。そんな時には、手紙とい う文種の特徴を生かすことが考えられます。単に書いた作文を読み返すことは難しくても、「大切な宝物のクレーン車のおもちゃをプレゼントしてくれたおじいちゃんに、お礼の手紙を書こう」など、伝えたい思いを膨らませられる言語活動を工夫することで、「お礼の気持ちがちゃんと伝わるように、書いた文章を読み返して間違い字がないか確かめよう」といった主体的な思いを引き出しやすくなります。重要なのは、推敲の過程で育む資質・能力が、単に教師の指示に従って文章を読み返す能力にとどまらず、自ら「読み返す習慣を付ける」ことであるということです。読み返したことで、手紙の文章がもっとよくなったという思いを実感できるようにしたいものです。

日常の言語生活場面を生かす

書く能力は、書きたいという思いや伝えたいという願いが膨らむタイミングを生かして身に付けるとともに、学んだことを日常生活で繰り返し用いることで確実に定着していきます。各教科等の学習で、あるいは日常生活の中で、可能な限り数多く書いて表現する機会を設定することが重要です。その際、例えば手紙などの文章についても、まとまった時間をかけて指導するとともに、日常的に短時間で書くことができるような形式を工夫することも有効です。

例えば、お礼の気持ちを伝えたい時に、一筆箋に「ありがとう」という思いを書き記し、相手に読んでもらえるようにするなどのアイデアがあります。また家庭との連携を図り、親戚の方に手紙を書いて、返事をもらえるようにするなどの配慮も大切なものとなります。

▼言語活動のアイデアと指導のポイント

単元名「お礼の気持ちを手紙で伝えよう」（第2学年）指導事項Bイ、エ

単元の指導過程とポイント

第一次（一時間）

・教師がもらってうれしかった手紙の紹介を聞き、誰に、どんなお礼の気持ちを伝えるのかを確かめる。生活科の町探検でお世話になった方への手紙を書くことを例に、何をどのような順序で書くかを確かめる。

☆前もって家庭との連携を図り、手紙を書く相手を決められるようにしておく。また、返事をもらえるようにしておく。

第二次（一時間）

・書きたいことを確かめ、宛名、うれしかった出来事、感謝の言葉の順で手紙を書く。

・書いた手紙を読み返し、宛名を書いた封筒に入れる。

☆手紙は保護者から郵送していただくように事前に連絡をしておく。

3

【第1学年及び第2学年】の言語活動例

ウ　簡単な物語をつくるなど、感じたことや想像したことを書く活動

創作したことを書く言語活動を例示しています。

言葉の力を育む上では、事実を説明するだけではなく、想像を広げたことを書いて表現することも大切なものとなります。低学年では、詳細なストーリーを巧みな表現で書き表すことをねらうのではなく、想像してことを書く楽しさを十分に味わわせながら、誰が、どうして、どうなったかなど、文と文とが順序よくつながるようにして書けるようにすることをねらいとします。その他、様々なものを見聞きして想像したことを文や文章に表現することが考えられます。特に入門期の子供たちが書く文章は、自然に詩のような表現になることが多いものです。そうした表現のよさを積極的に評価しましょう。

▼授業化のポイント

絵などを活用して実態に合った指導を工夫する

低学年では、ストーリー全体を創作する場合もありますが、その実態を踏まえて、部分的な創作文を書くことも考えられます。例えば、三枚程度の絵を用意して、誰が、どうして、どうなったかなどを大筋では共通に示し、具体的な出来事は子供自身が創作できるようにすることが考えられます。また、冒頭の絵や登場人物などを共通にし、出来事と結末は各自が考えられるようにする場合もあります。

文と文とのつながりを具体的に指導する

低学年では記述の過程における資質・能力として「ウ　語と語や文と文との続き方に注意しながら、内容のまとまりが分かるように書き表し方を工夫すること。」ができるようにします。そこで低学年では、およそ文と文とがつながるように書くことに向けて、いろいろな文例を示していくことが有効です。例えば、突然内容が飛躍しないように、「……に出かけることにしました。……に着くと、……」など、具体的な続き方の文例を準備しておくと効果的です。またその際、口頭作文を用いることで、文のねじれがないかを確かめて、語と語がうまく続くようにします。口頭作文は、自分で文を確かめる際だけでなく、ペアで友達にも聞いてもらって確かめる際に有効です。

物語を読む学習との関連を図る

ストーリーを創るためには、前提としていろいろなストーリーを読書などで味わっておくことが大切になります。そこで創作文を書く単元の学習に先立って、いろいろな物語を先行的に読書できるよう、読書環境を整えておくことも有効です。例えば、子供たちが創作するテーマに近い物語を、前もって学級文庫などに置いておき、朝読書の時間などに読めるようにしておくことが考えられます。

結末を意識させる

子供たちが考える物語のストーリーは、結末まで行かずに終わってしまうことも多くあります。そこで、最後はどうなったのかを意識できるようにします。例えば、三枚の絵を基に創作する場合は、一枚目と結び付けて、元の場所に帰って来たり、一時はけんかしていたけれど仲良しになったりするなど、いろいろな結末の例を挙げて、子供たちが選べるようにすることも考えられます。

▼言語活動のアイデアと指導のポイント

単元名「絵を基にお話を考えて書こう」（第2学年）指導事項Bウ、オ

単元の指導過程とポイント

第一次（一時間）

・「登場人物」「人物が出かけていく様子」「友達を連れて帰ってくる様子」の三枚の絵を基にした、教師の創作文例の紹介を聞き、学習のめあてと見通しをもつ。

☆単元の導入前に、類似したストーリーの絵本を学級文庫に置き、読めるようにする。

第二次（一時間）

・絵を手がかりに口頭作文しながら、全体で七〜一〇文程度の物語を考える。

・場面のつながりにおける、文と文との続き方の例を挙げて、口頭作文に生かす。

第三次（一時間）

・物語を文章に書き、ペアで読み合うとともに、面白いところを中心に感想を述べ合う。

☆うまくつながった文例を出し合い、学習のまとめをする。

4

【第3学年及び第4学年】の言語活動例

ア 調べたことをまとめて報告するなど、事実やそれを基に考えたことを書く活動

「報告」する文章など、事実やそれを基に考えたことを書く言語活動が例示されています。報告する内容としては、「調べたことをまとめ」ることが挙げられています。中学年では、各教科等の学習に調べる学習が多く取り入れられることから、調べて報告する文章、つまり調査報告文を書くことが代表的な言語活動として示されています。文章には種類ごとにおおむね典型的な文章構成が見られます。例えば調査報告文では、「調査目的や方法」→「調査結果」→「結果を基に考えたこと」といった構成が挙げられます。もちろんこれ以外の構成が考えられないわけではありませんが、典型的な特徴を押さえて言語活動を具体化することが大切です。なお、調査報告文の他にも、研究報告文を書くことなどが考えられます。

▼授業化のポイント

報告する内容を明確にする

調査報告文を書く場合は、どのような報告内容を書きたいのかを明確にすることが大切です。この報告内容が、文章で伝えたいことの中心となります。どのような理由や事例を挙げて書くかは、伝えたい内容の中心によって決まります。そこで、記述前に、調査を通して明らかにできたことは何かをよく確かめることが大切になります。

調査報告文の構成の特徴を踏まえる

先述のように、調査報告文ならば、「調査目的や方法」→「調査結果」→「結果を基に考えたこと」といった文章構成上の基本的な特徴があります。この他、冒頭に結果とそこから考えたことを概説したり、複数の調査とその結果を順に書いたりするなどのバリエーションが考えられます。いずれの場合も、何を目的として調査したのか、その結果はどのようなもので、そこからどのようなことが言えるのかについて明確にすることが大切です。

調査目的と結果、そこから考えたことがずれないようにする

文章を書いているうちに、最初に記述した調査目的と、結果から考えたことがずれてしまうことがあります。文章を記述する際にも、こうしたずれがないかを確かめるとともに、推敲の際には、そうしたずれがないかどうかを確かめることができるようにします。その際、記述前に作成した構成メモを十分見返すことがポイントです。なお、文章を読み合って相互評価する際、「自分はここを工夫して書いたが、ここがまだうまく書けていない」など、読んでもらうポイントを明示して読み合うようにすることも有効です。

各教科等の学習を生かす

調査報告文は、社会科、総合的な学習の時間などでも用いられるものです。国語科の学習で学んだ成果をそうした他教科等の学習に生かせるようにすることが大切です。また反対に、国語科で調査報告文を書く際、他教科等の調べる学習の成果を生かすことも考えられます。他教科等の学習で調べて明らかになったことを国語科の「書くこと」の学習に活用することによって、書く目的を明確にもつことができるという点や、題材の設定や情報の収集などの過程に時間をかけずに、指導のねらいを重点化して指導することが可能になるという点などのメリットが挙げられます。

▼言語活動のアイデアと指導のポイント

単元名「社会科で調べたことを文章で報告しよう」（第4学年）指導事項Bア、ウ

単元の指導過程とポイント

第一次（一時間）

・社会科で調べたゴミの処理について、調査報告文集にまとめるというめあてを確認し、学習計画を立てる。また、どのような文章構成で書くかについて見通しをもつ。

第二次（四時間）

・社会科で調べた様々な事柄から、調べて分かったことを書く上で必要な材料を選ぶ。

☆考えとそれを支える事例がきちんと結び付くように、国語科の学習ではまず結論を確認し、その結論を導くこととなる材料を選んだ上で、事例として記述できるようにする。

・調査報告文を書く。

第三次（二時間）

・書いた文章を読み合い、学習のまとめをする。

5

【第3学年及び第4学年】の言語活動例

イ　行事の案内やお礼の文章を書くなど、伝えたいことを手紙に書く活動

手紙を書く言語活動を例示しています。書く題材及び手紙文の種類としては、「行事の案内」、「お礼」の手紙が挙げられています。文章は様々な種類に分かれています。さらに同じ手紙文でも、案内状やお礼状などに分化されます。例えば案内状の場合は、相手に是非来てほしいという思いを伝えるため、行事の日時や場所など、必要な情報を漏らさずに書くこととなります。さらに、「是非おいで下さい。お待ちしていま
す。」といった文を入れることが必要となるでしょう。このように、文章の種類や特徴と書く上での相手や目的は密接に結び付いています。他の言語活動例の具体化と同様、書くことにおいては、教師自身がモデル文を書くことが、こうした特徴を把握したり、指導上のポイントを把握したりするための大切な教材研究となります。

▼授業化のポイント

手紙の具体的な種類や特徴を明らかにする

手紙を書く上ではいくつかの基本的な書式や特徴があります。例えば縦書きの文章の場合、自分の名前と相手の名前とでは、相手の名前が上になるように書くことが基本です。こうしたことを形式的に教え込むのではなく、「相手を大切にする思いからそのように書くのだ」などと、そうした書式がもつ意味を理解できるようにすることが重要です。

封書の場合は、表書きに相手の郵便番号と住所、名前を書くとともに、裏側には差出人である自分の住所と氏名を書くなどといったことも押さえられるようにしましょう。

また案内状や礼状など、具体的な種類に応じて、書く相手や目的を確かめるとともに、それぞれの特徴を踏まえてどのような内容を書く必要があるのかを考えることができるようにします。

返事をもらったり反応を実感したりできるようにする

手紙を書く学習は、実際に相手に送ることを前提にするものです。従って、相手に対して失礼のないように書くことが大切になります。小学生であっても実際の社会的な言語生活に参加するまたとない機会ですから、特に重点的に指導を行いたいものです。また、相手の方に返事をいただけるようお願いしたり、案内した行事等に来ていただき、手紙をもらった感想を述べていただいたりするなど、伝え合うよさを十分に実感できるよう心配りをすることが指導の効果を高めるポイントです。

学んだことを実生活に生かせるようにする

手紙を書くことは学習の場で行うことにとどまらず、実生活に生かせるようにすることがとても大切になります。年間指導計画を見通した上で、各教科等の学習や日常生活で、案内状や礼状、依頼状などを書く機会を効果的に設定しましょう。

その際、子供の発達の段階を踏まえながら、手紙の作法に触れていく言語体験を蓄積できるようにしたいものです。例えば往復はがきの返信の表書きなどには、送付先の住所と「○○○○行」などと送付先の氏名が記載されている場合があります。そうした場合には、「行」などの文字を線で消して、「様」と書き添えるなど、手紙の学習の中で体験できるようにしたいものです。

▼言語活動のアイデアと指導のポイント

単元名「お礼状を書こう」（第3学年）指導事項Bア、エ

単元の指導過程とポイント

第一次（一時間）

・総合的な学習の時間のグループごとの調査学習でお世話になった方に、お礼の手紙を書こうというめあてを設定し、手紙文の文例を見て、書く必要のある事柄や書式などを調べる。

☆低学年までに書いた手紙との違いを比べ、実際の封書の書式を明らかにする。

第二次（二時間）

・手紙に書きたいことを挙げ、グループ内で共有しながら下書きを書く。

・各自で推敲したり読み合ったりした上で清書し、封書に必要なことを書き、切手を貼って投函する。

・学習のまとめを行う。

6

【第3学年及び第4学年】の言語活動例

ウ　詩や物語をつくるなど、感じたことや想像したことを書く活動

詩や創作文を書く言語活動を例示しています。

低学年では書いた文や文章が自然に詩のような表現になったり、絵などを用いながら想像して書けるようにしたりすることに重点が置かれていました。中学年では、一つまたは複数の連で構成する詩を書いたり、起承転結などの一連のストーリーをもった物語をつくったりすることが挙げられています。

詩を書く際には、見たことや感じたことを自分らしい言葉を選んで書けるようにしたり、折り句（アクロスティック）のような言葉遊びを楽しんだりすることが考えられます。物語をつくる際には、登場人物や出来事、結末などが一連のストーリーになるように構想して書くことが考えられます。

▼授業化のポイント

見たことなどを詩に書く

「見たままを書きましょう。」と指示してもなかなか言葉にならないことがあります。対象を目の前にして色合いや触れた手触り、においや音など感覚を鋭く働かせて心に響いてきたものを言語化します。心に浮かんだ言葉を書き留めて、何度も声に出しながら詩にしていくことが考えられます。また、様々な詩を読むことと関連付けて指導することも大切です。

言葉遊びの詩を書く

前掲のような詩を書く際は、言葉がもつ意味を大切にしますが、言葉遊びはいったんそうした意味から解き放たれて、リズム感や感性を働かせて言葉のもつ楽しさを味わえるようにします。折り句の他にもなぞなぞや連想、しりとりなど多様な言葉遊びがありますので、どのような資質・能力を育成できるかをしっかり見極めて言語活動を選定する必要があります。

物語を創作する

物語を創作する際には、登場人物や出来事、結末といった物語を構成する要素を想像してつくりあげることが大切になります。その際、詩や絵などを手がかりにして物語の世界を構想することが考えられます。物語の細部だけを考えるのではなく、ストーリー全体を大づかみに考えられるようにすることが大切です。

そのため、これまで読んできた物語の展開を振り返ってみることもヒントになります。例えば大きな出来事が一つ描かれていて、その出来事を軸に物語が進む場合や、いくつかの出来事が並列して描かれて結末に向かう場合、出来事が積み重なるように続いたり、後の出来事によって前半の出来事の意味が説き明かされたりする場合など、物語の展開は多彩に工夫されています。

記述していく際には、そこがどのような場面の様子なのかをはっきりさせて書けるようにします。例えば主人公が事件に巻き込まれてピンチになっている場面や努力が実って喜び合っている場面などに応じて描写を考えられるようにします。

できた物語を読み合うなどして、自ら物語をつくる楽しさを十分味わえるようにすることが大切です。

▼言語活動のアイデアと指導のポイント

単元名「宝島の冒険物語を書こう」（第3学年）指導事項Bイ、ウ

単元の指導過程とポイント

第一次（一時間）

・これまで読んできた、主人公が冒険をする物語を振り返るとともに、教師が創作した物語の冒頭部の読み聞かせを聞き、学習のめあてを設定する。

・物語の舞台となる宝島の地図を描きながら、登場人物やそこで起きる出来事を考える。

第二次（二時間）

・教師が創作した物語の続きを聞き、自分の物語では出来事がどのように結末につながるかを考えて構成を決める。

・場面の様子が分かるように、会話や行動、情景などの描写に気を付けて物語を書く。

第三次（一時間）

・完成した物語を読み合い、学習を振り返る。

7

【第5学年及び第6学年】の言語活動例

ア　事象を説明したり意見を述べたりするなど、考えたことや伝えたいことを書く活動

考えたことや伝えたいことを書く言語活動を例示しています。具体的には「事象を説明」する文章と「意見を述べ」る文章とが挙げられています。「事象を説明」するためには、単に事実を記述するのみならず、そのような事実や状況に至った背景や原因、経過などが読み手に理解できるように書く必要があります。目的や意図を明確にして書く上で、解説する文章を書くなど、発達の段階に応じて文種を具体化していきます。「意見を述べ」る文章も、目的や意図を明確にする上で、例えば異なる立場の考えの読み手を説得するための主張文や、読み手に具体的に行動してもらうことを促す提案文、対象のよさをよく理解してもらうための推薦文など、より具体的な文種を明確にして言語活動を具体化することが大切になります。

▼授業化のポイント

文章の種類や特徴を押さえる

単元で取り上げる文章の種類や特徴を明確にして学習指導を構想することが大切です。例えば「意見を述べる」文章、つまり意見文について考えてみましょう。学習では意見文という言い方はごく一般的に用いられますが、日常生活では「意見文を書く」とはあまり言いません。そこで先述のように、意見文を主張文や提案文、推薦文などと具体化することによって、特徴をより明確に捉えられるようにします。

目的や意図を明確にして書けるようにする

文章の種類を具体化することは、書く目的や意図を明確にすることともつながります。例えば提案文を書く場合であれば、単に自分の意見を述べることにとどまらず、提案内容に基づいて読み手に具体的に行動してもらうことが目的となります。そのため、提案を受ける人々が納得して提案を受け入れられるように書くという意図をもって記述するといったことが考えられます。そこで、提案理由や提案の具体性、提案通りに実行した場合のメリットなどを文章に盛り込む必要性が浮かび上がってきます。

自分の考えを絶えず見直しながら書き進められるようにする

意見を述べる文章を書く際は、題材の設定の段階で意見を決めることも多いものですが、意見文を書き進めていくうちに論旨が一貫しない文章になってしまうことがあります。この原因としては、当初形成した自分の考えが十分明確なものとなっていないことや、取材、構成、記述と進んで行くにつれて考えが広がったり深まったりすることなどが考えられます。いずれの場合も、単元の冒頭部だけで考えを形成するのみならず、書き進める過程で絶えず自分の考えを見直していけるようにすることがポイントです。

例えば「教室の床や廊下にゴミを落とさないようにしよう」といった意見をもったとしても、それは意見文を書くまでもなく誰もが考えていることであり、主張したり提案したりする考えとしては十分ではないでしょう。そこで、なぜゴミが落ちているのかについて周りの友達から考えを聞くなどして取材したり、ゴミが落ちてしまう原因を推論したりすることを通して、例えば「ゴミくずが出たらできるだけ早くゴミ箱に捨てよう」、「ゴミが落ちていたら見付けた人が手早く片付けられるように用具やゴミ箱を用意しよう」などといった具体的な主張や提案に高めることが大切になります。

▼言語活動のアイデアと指導のポイント

単元名「委員会活動への協力を呼びかける主張文を書こう」（第5学年）指導事項Bイ、ウ

単元の指導過程とポイント

第一次（一時間）

・委員会で行っている活動の意義を理解してもらい、活動への協力を呼びかける主張文を書くという課題を設定し、どの範囲に対して何を呼びかけるのかを明らかにする。

第二次（三時間）

・自分が書く主張文に必要な条件を具体的に考える。

・主張文の構成を考え記述する。

☆主張の根拠となる活動の意義や、なぜ協力が必要なのかを具体的に書けるようにする。

第三次（一時間）

・主張文を読み合い、学習の振り返りをする。

☆完成した主張文は、学校のウェブページに掲載し、読んでもらえるようにする。

8

【第5学年及び第6学年】の言語活動例

イ　短歌や俳句をつくるなど、感じたことや想像したことを書く活動

短歌や俳句をつくる言語活動を例示しています。

中学年では、〔知識及び技能〕(3)に「ア　易しい文語調の短歌や俳句を音読したり暗唱したりするなどして、言葉の響きやリズムに親しむこと。」が示されています。この学習を生かして、高学年の「書くこと」では、短歌や俳句をつくるなど、感じたことや想像したことを書く言語活動を具体化します。

優れた短歌や俳句をつくること自体が目的ではなく、自分が感じたことや想像したことを表すのにふさわしい言葉を見付けたり、七五調のリズムを生かして表現したりすることで表現するよさや楽しさを味わえるようにすることを重視します。この他、中学年までに例示されていた物語や詩を書くことなども考えられます。

▼授業化のポイント

たくさんの短歌や俳句に触れて言語感覚を磨くことができるようにする

短歌や俳句をつくる際の基盤として様々な短歌や俳句、詩などに親しむことが大切になります。中学年で学んだことを生かすためにも、子供にとって親しみやすい歌集や句集を教室に置いて言語環境を整えたり、四季折々の短歌や俳句を教室に掲示したりすることが有効です。

季節や情景を表す言葉を集めて用いられるようにする

語彙を豊かにするためには、単に機械的に単語を暗記するのではなく、言語活動を通して必要な語句を集めたり用いたりする学習の工夫がとても大切になります。短歌や俳句をつくる際には、季節や情景などを表す言葉が重要になります。こうした機会を生かして語彙を豊かにしていきます。そのためにも日常的に、季節や情景を表す言葉を蓄積して、子供たちが触れたり意識して着目したりできるようにすることが有効です。教師の言葉自体がとても大きな影響をもつ言語環境となります。

凝縮した表現や言葉を選ぶ過程を重視する

例えば「きれいだ」「楽しい」「うれしい」といった一般的によく用いられる表現を、自分らしい、その場をうまく切り取って表す言葉に高めることが大切になります。そこで短歌や俳句に書き表したい情景などを、いったんひとまとまりの文章として描写してみることも考えられます。そしてその文章に用いた語句の中から、特に自分が新鮮に受け止めた情景や感情を表す言葉などを選んだり、さらに適切に表現できる言葉に変えてみたりすることも考えられます。

こうして吟味した言葉を用いて短歌や俳句をつくってみたら、語順を入れ替えてみたり声に出して響きを確かめたりして、自分の感覚にしっくり合うようにしていきます。

日常生活に生かせる言語活動を工夫する

短歌や俳句をつくる楽しさを味わわせ、日常的に親しむための言語活動を工夫したいものです。例えば、自分がつくった短歌や俳句を、厚口の用紙に毛筆で書き、パウチしてしおりとして用いることなども考えられます。夏には、季節感を表現した短歌や俳句をうちわに貼って用いられるようにしたり、風鈴に吊り下げる短冊にしたりすることも考えられます。

▼言語活動のアイデアと指導のポイント

単元名「夏を涼しく乗り切る俳句をつくろう」（第5学年）指導事項Bア、オ

単元の指導過程とポイント

第一次（一時間）
・夏の俳句をつくり、涼しさを感じられるようにしようというめあてを設定する。教師自作の句や、それらを用いた風鈴やうちわを見て、学習の見通しを立てる。
・夏の季語集めをするとともに、夏だからこそ涼しさを感じられる情景を文章に書き出す。
☆四季折々に季節を表現する俳句をつくる帯単元として授業を設定する。

第二次（一時間）
・書いた文章から、適切に表現できた言葉を選ぶなどして俳句をつくる。
・語順を変えてみたり声に出してリズムを確かめてみたり、互いに読み合ったりしながら、自分らしいしっくりくる俳句にしていく。
☆完成した俳句は句集としてまとめるとともに、うちわや風鈴の短冊として用いる。

9

【第5学年及び第6学年】の言語活動例

ウ　事実や経験を基に、感じたり考えたりしたことや自分にとっての意味について文章に書く活動

子供たちは、学校生活を振り返ったり、無意識にしてきたことを見つめなおしたりする機会が多くなってきます。そうした時期を捉えて、「事実や経験を基に、感じたり考えたりしたことや自分にとっての意味について文章に書く活動」が例示されています。より具体的には卒業文集や、随筆のような文章を書くことが考えられます。

卒業文集に書く内容であれば、学校行事でしたことなどにとどまらず、学校生活を振り返って、自分を成長させてくれたことや気付かなかったことに目を向けさせてくれたこと、これまでとものの見方や考え方が変わった瞬間やその時の感情など、具体的な事実や経験を挙げながら、自分にとっての意味を書き記すことが望まれます。

随筆は一定の形式があるのではなく、書き手によって多様な表現が工夫されます。

小学校高学年の言語活動であり、プロの随筆家を目指すわけではありませんので、今の自分をよりよく表現する題材や具体的な材料を選び、自分らしい書き表し方で表現できるようにすることを目指します。

▼授業化のポイント

題材選びに時間をかける

ここに挙げられているような文章を書く際には、題材をじっくり選ぶことができるようにする必要があります。例えば意見を述べる文章や調査報告文などであれば、何について書くのかはほぼ決まっているのに対して、随筆にしても卒業文集にしても、何について書くのかを慎重に検討する必要があるからです。

しかし、いくらでも国語に時間を割けるわけではありません。そこで、単元の導入で学習の見通しを立てたら、題材を決めて書く学習に入るまでにインターバルを置くことが考えられます。導入の一時間でどのような文章を書くのかについて見通したのち、一～二週間程度自分が書きたいことを探す時間を確保できるようにするのです。多くの子供たちが書きたい題材を見付けられたタイミングで、第二時以降の授業を進めていきます。

この他にも、日常的に日記を書くようにしておき、日記を読み返して、改めて随筆や卒業文集に書き換える題材を決めることも考えられます。

随筆を読む学習との効果的な関連を図る

随筆を書く際には、短歌や俳句、物語の創作と同様に、いろいろな随筆の文章に触れておくことが有効です。もちろんプロの随筆家を養成するのが目的ではありませんし、随筆を読めば随筆が書けるわけではないのですが、あこがれる表現や使ってみたい言葉を見付けながら読めるようにすることで、自分らしい表現をするための語句の選択肢を広げることができます。

例えば、事実や経験を基に、感じたり考えたりしたことや自分にとっての意味について文章に書く言語活動の単元に先立って、随筆を読む単元を位置付けている場合には、先行する随筆を読む単元の中で、随筆もしくはこれに近い文章を書くことを予告し、書くことの単元の導入までにさらにいろいろな随筆を読んだり、書く題材を選んだりできるようにすることも有効です。年間指導計画を見通しながら、カリキュラム・マネジメントを図り効果的な指導を工夫してみましょう。

記述と推敲に重点を置く

書くことの学習は、題材を設定し、情報を集め、構成、記述、推敲し、書いたものを共有するといった一通りの過程を単元で行うことが多いものですが、いずれかの過程に重点を置いて指導することもあります。例えば先述のように、これまで書き溜めてきた日記から、随筆に書き換えたい文章を選んで書く場合などは、既に元の文章がありますので、記述や推敲に重点的に時間配分して学習指導を行うことが可能です。

例えば日記では「今日はとても寒くて、通学の途中に霜柱を見付けました。それを踏みながら歩くのが面白かったです。」などと書いていた文章を、少し背伸びして、「ひと際寒い朝は、心も体も引き締めてくれるらしい。周りの様子に気付く感度も高まるようだ。ふと足元を見ると霜柱が顔をのぞかせている。…」などと、描写を工夫して書き換えてみるのです。

また随筆は、書き始めれば一気に書き進められる場合も多いものですが、推敲の過程では再びじっくりと言葉を吟味することが必要になります。自分らしい、その時にこそ感じられた感覚を表現できているか、読み返しながら確かめられるようにしましょう。

書くことの意味や価値を実感できるようにする

卒業文集に掲載する文章は、子供たちにとって重要な意味をもつものです。小学校卒業を目前にした今しか紡げない言葉をしっかりと選んで表現させたいものです。そのためには、書くことの意味や価値を実感できるようにすることが大切です。例えば教師自身の卒業文集の文章を子供たちに紹介し、時々読み返しては、六年生の時に感じていたことを思い返すなどといった体験を伝えたいものです。

▼言語活動のアイデアと指導のポイント

単元名「卒業文集に載せる文章を書こう」（第6学年）指導事項Bア、ウ、オ

単元の指導過程とポイント

第一次（一時間）

・卒業文集に掲載する文章を書くという課題を設定し、学習の見通しをもつ。

☆これまで書いてきた文章や前年度までの卒業文集を読み返すなどして、卒業文集が後々まで残るものであることなどの特徴を押さえられるようにする。

・卒業文集に書く題材を選ぶ。
☆第一時以降二週間程度インターバルをとり、これまでの出来事を振り返ったり、自分を支えてくれる人々や言葉、体験などを思い起こしたりできるようにして、書きたい思いを醸成する。題材選択については随時子供どうしで情報交換できるようにする。
第二次（四時間）
・使ってみたい言葉や材料について、なぜそう考えているかを話し合う。
・文章構成を考えて下書きを書き推敲する。
☆これまでに読んできた随筆などから使ってみたい言葉を見付けたり、複数の表現を比較したりして自分の思いを表現するのにふさわしい言葉を選べるようにする。
第三次（二時間）
・ペン書きで丁寧に清書する。
・書き終えた文章を読み合い、友達の表現のよさに気付くとともに、改めて自分の文章を読み返し、自分らしく表現できたところを見付け、一筆箋に自己評価を書く。
☆一筆箋に書いた自己評価は、完成した卒業文集に挟んで残しておくようにする。

第5章

「読むこと」の言語活動例と授業アイデア

CHAPTER

5

1

【第1学年及び第2学年】の言語活動例

ア　事物の仕組みを説明した文章などを読み、分かったことや考えたことを述べる活動

「読むこと」の言語活動はいずれも読む活動と表現する活動とが組み合わされて例示されています。こうした言語活動によって、子供たちが〈思考力、判断力、表現力等〉の資質・能力である読むことの指導事項を、主体的に思考・判断し、それらを表現することによって確実に身に付けられるようにすることができます。また同時に、「読書に関する事項」など、読むことの指導事項と結び付けて育成する〈知識及び技能〉を、生きて働くものとして確実に身に付けるためにも有効に機能します。従って、例示されている表現する活動は、読むことの資質・能力と関連しない表現活動ではなく、当該単元で取り上げて指導する読むことの指導事項や「読書に関する事項」などを確実に実現するための表現する言語活動として位置付ける必要があります。

低学年のアには「事物の仕組みを説明した文章などを読」む活動と、読んで「分かったことや考えたことを述べる活動」とが組み合わされて示されています。

事物の仕組みとしては、例えば乗り物の機能と構造、おもちゃなどの特徴と遊び方など、子供たちにとって親しみやすい内容について説明した文章を読むことが考えられます。この他にも昆虫や動物の特徴、暮らし方、成長の様子などについて説明した文章を読むことも考えられます。教科書教材だけではなく他の科学的な読み物を読めるようにすることが指導のねらいを実現する手立てとして有効です。

分かったことや考えたことを述べる際には、口頭で述べる場合と文章などに書く場合とが考えられます。いずれの場合も、単に教師に指示されるから表現するのではなく、子供自ら読んで分かったことや考えたことを表現したいという姿を実現することが極めて大切なものとなります。そのため、こうした表現する活動は、読んだ後の付け足しの活動ではなく、単元全体を見通し、子供にとっての魅力的な課題やゴールとして位置付けることが重要になります。

▼授業化のポイント

読者としての主体的な思いを重視する

子供たちが主体的に学習に取り組めるような授業を実現したいという思いは、多くの教師が共通にもっている願いでしょう。与えられた文章の指定された箇所の意味を理解するのみならず、読者として主体的に文章に向き合う子供を育てたいものです。

その際、言葉による見方・考え方を働かせ、言葉に着目し、自覚的に言葉を捉えることができるようにすることが重要です。では、低学年の子供たちが自覚的に言葉を捉える姿をどのように描けばよいでしょう。

それは例えば、「読んで初めて分かった」、「ここがすごい」、「かっこいい」といった思いや「自分も乗ってみたい」、「育ててみたい」といった願いを文章を読むことで明確にしたり、どの言葉からそう感じたのかをはっきりさせたりする姿として描くことができるのではないでしょうか。こうした姿は、将来子供たちが未知の情報を得て疑問を明確にしたり、複数の情報を結び付けて解明が困難な課題の解決の糸口を見付けたりする姿につながっていくものです。

資質・能力を育成するための読む過程の工夫改善を図る

従来、説明的な文章を読む場合には、「段落ごとに読み取ること」がしっかり読むことであると捉えられてきたのではないでしょうか。しかし子供たちの様子をつぶさに見ていくと、段落ごとに時間をかけて読めば読むほど文章への興味が薄れ、読み取れていない子供が増える状況が多く見られます。こうした状況下では、工夫なく発問して段落ごとの内容を確認するだけでは読むことの資質・能力を育成することにつながりません。

「読書に関する事項」や読むことの指導事項には、例えば「読書に親しみ、いろいろな本があることを知ること。（〔知識及び技能〕（3）エ）」、「文章の中の重要な語や文を考えて選び出すこと。（〔思考力、判断力、表現力等〕「C 読むこと」ウ）」などが示されています。前者であれば、多様な読書を通して指導することが大切になりますし、後者なら必要な情報が何かをはっきりさせて、それに合致した語や文を重要な語や文として着目して読むことが必要になります。その際、必要な情報は、特定の段落だけを読んでいては見付からないことが多くなってしまいます。では、段落ごとの読みでは十分でないならば、どのような読む過程を工夫できるでしょう。

低学年の教材文には、同じ構造で書かれた段落が複数配列されている文章が多く見られます。これは、文章全体や一つの段落に、何がどのような順序で書かれているかに気付きやすいからです。ただし、一つの段落に記述された内容や順序を把握する際、その段落だけを詳細に読んでもなかなか内容や順序がつかみにくいものです。

そこで、二つの段落を縦に並べて比べながら読むようにしてみてはどうでしょう。文章の構造はむしろ二つの段落を比べて読んだ方がつかみやすくなります。まず段落読みありきではなく、指導のねらいを見極めた工夫が大切です。

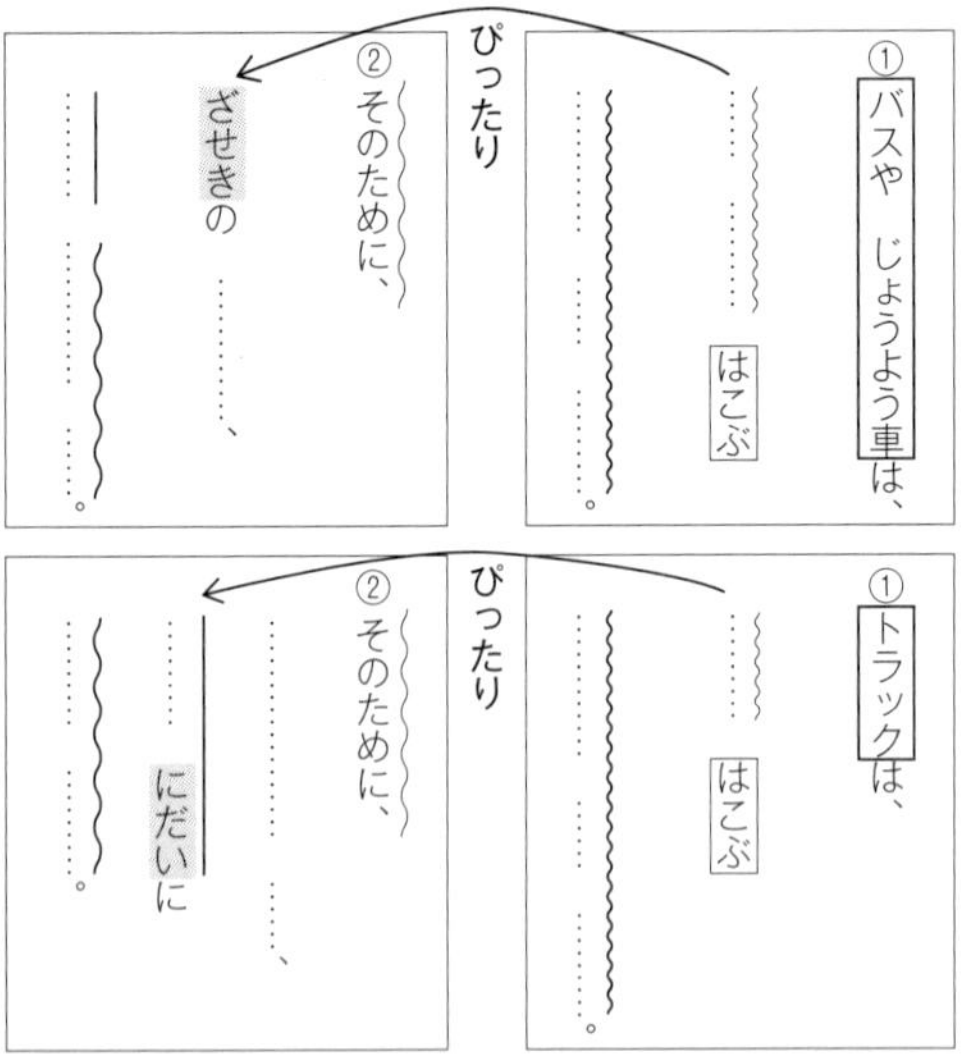

教材の文章を縦に並べて書かれた順序をつかむ

▼言語活動のアイデアと指導のポイント

単元名「ここがすごい！を生き物の体カードで説明しよう」（第1学年）指導事項Cア、ウ

単元の指導過程とポイント

第一次（一時間）

・教師自作の生き物の体カードの説明を聞き、生き物の体のつくりと機能を解説した教材文や図鑑を読んでカードにまとめるというめあてを設定し、図鑑を読み始める。

第二次（四時間）

・カードに書く内容をつかむため、教材文の内容の「すごい」と思うところを見付ける。

・カードの書き方を調べるために、教材文の二つの段落を比べ、何がどのような順序で書かれているかを見付けて読む。三つ目の段落でも同じように書かれているか確かめる。

☆各時間の後半一〇分程度、教科書で学んだことを自分の図鑑に生かして読むようにする。

第三次（二時間）

・教科書の文体を再度確認しながら図鑑から見付けた情報をカードに書き交流する。

【第1学年及び第2学年】の言語活動例

イ　読み聞かせを聞いたり物語などを読んだりして、内容や感想などを伝え合ったり、演じたりする活動

読み聞かせを聞くことは、就学前の幼児に対しても有効ですが、小学生でも多様なストーリーを言葉の響きやリズムとともに味わったり、次の展開を予測しわくわくして想像を広げたりするなど、読む能力の基盤を培う言語活動としてとても重要です。

物語を読む際には、教科書教材にとどまらず、様々な絵本や物語を読み、その楽しさを十分に味わわせることがとても大切になります。内容や感想を伝え合う際の具体例としては、物語の好きなところを紹介することや、お気に入りの本を選んで好きなわけを説明することなどが考えられます。好きなところを見付けて紹介する際、好きなところを探しながら物語の内容の大体を捉えたり、好きな場面に着目して登場人物の言動を想像して読んだり、好きなわけをはっきりさせて自分の考えを形成したり共

有したりするなど、「C 読むこと」の指導事項を確実に指導しやすいからです。また、お気に入りの本を選ぶことは、そうしたことをより自覚的に行いやすくします し、「読書に関する事項」の実現にも重要な意味をもつ言語活動となります。

物語を演じることは、登場人物の会話や行動に着目して具体的に想像する上で有効に機能します。実際に演じたり、ペープサートを使ったりすることが考えられますが、国語科の言語活動では、劇の道具やペープサートをつくることがねらいではない点に注意が必要です。また、教師の指示によって動作化するだけでは指導のねらいを実現する言語活動としては十分ではありません。ペープサートを演じることで、場面の様子に着目し、登場人物の行動や会話を具体的に想像することをねらうならば、例えば大好きなところを紹介するためにペープサートを動かしながら、その動きや会話の基になる文章に目を落として何度も読む姿を実現できるようにするのです。

またこうした言語活動では「大好き」「お気に入り」といった主体的に言葉に着目する意識を重視しますので、全員が同じ物語教材を読むことにとどまらず、好きな本や物語を選んで紹介し合ったり説明し合ったりすることが有効です。

▼授業化のポイント

物語全体の中から「大好き」や「お気に入り」を見付けて読むことを繰り返す

物語がよく読める子供は一般的に読書体験が豊富で、いろいろなストーリーを多彩に味わってきていることが多いものです。反対に、読むのが苦手な子供の中には、読み聞かせを聞く体験や、自分で絵本などを読む機会がほとんどない場合もあるようです。こうした子供たちに限られた数の教材文を場面ごとに時間をかけて読み取らせても効果は上がりにくいものです。特に指導事項「イ　場面の様子や登場人物の行動など、内容の大体を捉えること。」を重点的に指導する際には、例えば「紹介したい物語を選ぶために、お話をたくさん読んで、それぞれがどんなお話か確かめよう」などといった目的の下、短い時間で読める物語を、「誰が」、「どうして」、「どうなったか」など、内容の大体を捉えながら数多く読む学習を工夫することが極めて効果的です。またどの物語を紹介するか決まったら、「お話の大好きなところを見付けるために、物語全体を読もう」などといっためあてによって目的意識を喚起し、無目的な場面読みにならないようにすることが求められます。

「大好き」や「お気に入り」のわけを指導事項等を基に明らかにできるようにする

指導事項「エ　場面の様子に着目して、登場人物の行動を具体的に想像すること。」を重点的に指導する際には、子供自ら場面の描写に着目することが求められます。例えば「大好きな場面はここ！」といった意識を働かせることでそうした思考・判断が可能になります。その際、文章全体を見通して好きなところを選べるように、全文掲示を活用することも有効です。

その上で、大好きな場面やお気に入りの叙述だと考えたわけを伝え合えるようにすることが重要な指導内容となります。その際、指導事項がわけをはっきりさせるための大きな手掛かりとなります。指導事項エを指導するのであれば、登場人物の行動、具体的には会話や行動描写を

作品全体を見通して場面や叙述に着目

手掛かりに好きなわけを説明できるようにします。ただし往々にして、「〇〇が、△△するところが好きです。わけは、〇〇が△△しているからです。」などと単に繰り返すだけになる場合が見られます。そこで、「わけは、◇◇な気持ちで△△していることが伝わってくるからです」などと具体的に想像したことや感想を加えて説明できるように、できるだけ多様な説明を想定して例示することが有効です。

低学年の子供の実態を踏まえ単元の指導過程を工夫する

低学年の子供たちは、教科書教材で学んだことを、自分の選んだ本や物語の読みに生かす際、なかなかうまく生かし切れない場合があります。そこで低学年の実態を踏まえて、単位時間の前半に教科書で学んだことを、後半で自分の選んでいる物語の読みに適用してみる指導過程の工夫があります。子供たちにとっては、後半の自分の選んだ本で読むことこそ本来のめあてとなります。いつも場面ごとに読み取らせるだけといった型にはまった指導を改善し、子供の実態や指導上の課題を踏まえた授業を工夫していきましょう。

低学年の読むことのペアでの交流を工夫する

読むことの学習でペア交流をさせようとしてもうまくいかないことがあります。単に一人学びをしたらペアで交流しようと指示しただけでは、交流の目的や必要性が感じられない交流になってしまいます。

低学年なら、「同じところが好きな子とペアになって、読んで発見したことを聞いてもらおう」「友達はどこが、なぜ好きなのか聞きたいね」などと交流の目的や相手選びを意識できるよう促してみましょう。

なお、読むことの学習では、文章を手元に置いて交流することが基本です。ペア交流であれば、二人組で着席し、間に文章をおいて指さしながら交流するといったイメージを子供と共有していきましょう。また全文掲示を活用することで、「同じところが好きな子と交流したい」、「違うところが好きな子に、なぜそこが好きなのかを聞いてみたい」といった思考や判断を伴う交流が可能になります。

文章を指さして交流する

▼言語活動のアイデアと指導のポイント

単元名「大好きなお話のお気に入りのところを紹介しよう」（第1学年）指導事項Cイ、エ

単元の指導過程とポイント

第一次（一時間）

・教師のお気に入りの本の紹介を聞き、自分のお気に入りの本をわけをはっきりさせて紹介したいというめあてをもつ。

第二次（四時間）

・教科書教材の読み聞かせを聞くとともに、好きなところを見付けるために、物語全体を読み、「誰が」、「どうして」、「どうなった」お話かを確かめる。

・これまで読んできた物語から紹介したい物語を選ぶために、挿絵を手掛かりに「誰が」、「どうして」、「どうなった」お話かを確かめて読み、紹介したい物語を決める。

・好きなところをはっきり説明するために、教科書教材で見付けた好きなところにシールを貼ったり、全文掲示にシールを貼ったりして、同じところを選んだ友達や違うところを選んだ友達とペアで好きなところを説明し合う。授業後半は自分の選んだ物語の好きなところを見付けて名前を書いた付箋を貼る。

・好きなわけをはっきり説明するために、教科書教材の好きなところを確かめ、そのわけを考えて、全文掲示の文章を指さすなどしながら伝え合う。後半は自分の選んだ本の好きなところとそのわけを考えて、隣どうしで説明し合う。

☆好きなわけとして、「○○が◇◇したこと（と言ったこと）が優しいと思ったから。」など、言動を手掛かりに具体的に想像できるよう、わけの説明例をたくさん用意しておく。

☆交流の際は、全文掲示を活用した交流に加えて、ペアが横並びで着席し、間に教科書や本を置き、文章を指さしながら説明し合うようにする。

第三次（一時間）

・自分の選んだ物語の大好きなところを紹介し合い、友達が紹介した本を読んだり感想を伝え合ったりする。

☆説明の際は、選んだ本を開きながら、「誰が」、「どうして」、「どうなった」お話かを概説し、好きな場面とそのわけを説明するようにする。

☆説明の仕方は単元の導入部の教師の例示を生かし、単元を通して意識させておく。

【第1学年及び第2学年】の言語活動例

ウ　学校図書館などを利用し、図鑑や科学的なことについて書いた本などを読み、分かったことなどを説明する活動

学校図書館を利用して読書し、読んだことを基に表現する言語活動を例示しています。学校図書館に加えて、学級文庫や学年の本棚を活用することなどが考えられます。また図鑑や科学読み物を読むことに加え、イの言語活動例を組み合わせて考え、絵本や物語、シリーズ作品などを手に取って読むことも大切になります。低学年では、色々な本や図鑑を手にし、好きな本や興味を引かれるページを見付けたり、関心のある内容を探して読んだりするなどして、読むことのよさや楽しさを味わえるようにすることが大切です。指導のねらいに応じ、学級文庫にどのような本をそろえるのか、図書館ではどのように本を手に取らせるのかといった教材研究が重要なものとなります。

▼授業化のポイント

本や図鑑を読むための資質・能力を育成する

教科書教材を読み取っても、図鑑や科学読み物が読めない、シリーズの他の作品や同一作家の作品に手を伸ばそうとしないといった子供たちの状況が見られることがあります。平成一六年の文化審議会答申「これからの時代に求められる国語力について」では、「国語力の向上のためには、『自ら本に手を伸ばす子供を育てる』ことが何よりも大切であるという共通認識に立って、この答申をまとめた。」と述べています。高度情報化がさらに進む社会を生きる子供たちにとって、教科書はもとより多様な情報を活用して考えを形成したり発信したり、異なる立場の人々と合意を形成しながら課題の解決を目指したりすることにつながる資質・能力を育成することが重要です。

読書の絶対量が少ない子を支援する並行読書を活用する

近年、ねらいに応じた並行読書の活用によって、子供たちが主体的に読む姿を実現できたという実践が数多く見られています。教科書だって読むのがやっとなのに他の物語や図鑑などとても読めないと案じることもあるでしょうが、いつもゼロから読み始めるのではなく、例えば既に何度も読んでお気に入りの物語を、教科書教材と同様に好きなわけをはっきりさせるために新たな視点で再読するなどの活用でもよいのです。また、がまくんとかえるくんが登場する「お手紙」は、シリーズ作品を多読することで場面の様子や言動が想像しやすくなります。ましてや、自分の大好きなお話を選んで紹介するなら、子供たちの読みを生かしやすくなります。教科書がなかなか読み取れない、読むのが苦手な子供を支援するためにこそ、並行読書を工夫して位置付けたいものです。なお、読書したり多様な情報を自ら得て読んだりする能力の重要性を踏まえれば、並行読書を行う際、どのような本や図鑑などをどのように取り入れるかを、年間を見通して考える必要があります。

本や文章を見付けるための方法を指導する

低学年では背表紙の題名や表紙などに着目して本や図鑑を探したり、見出しや目次、挿絵や写真を手掛かりにページや場面を特定して読んだりできるようにすることが有効です。その際、単に検索の仕方を知識として教え込むのではなく、乗り物図鑑をつくるためにその乗り物のページを見付けるといった、言語活動を行う中で必要性のある場面を的確に取り上げて効果的に指導する工夫を心掛けたいものです。

▼言語活動のアイデアと指導のポイント

単元名「お気に入りの乗り物の図鑑をつくろう」（第1学年）指導事項Cア、ウ

単元の指導過程とポイント

第一次（一時間）

・教師自作の乗り物図鑑の紹介を聞き、めあてと見通しをもつ。

☆単元の導入前から学級文庫に乗り物図鑑をたくさん置き、読めるようにしておく。

第二次（四時間）

・図鑑に書く内容を見付けるために、教科書から乗り物のすごいところを見付け、さらに図鑑からも見付けてみる。

・図鑑の書き方を学ぶため、「乗り物の機能→そのための構造」等、教科書の文章の書かれ方の順序を考えるとともに、図鑑でもお気に入りの乗り物の機能や構造を見付けて読む。

第三次（二時間）

・見付けた機能や構造を文章に書き、学級全体で合本して図鑑にして読み合う。

4

【第3学年及び第4学年】の言語活動例

ア　記録や報告などの文章を読み、文章の一部を引用して、分かったことや考えたことを説明したり、意見を述べたりする活動

「記録」や「報告」の文章を読んで活用する言語活動を例示しています。活用の具体例として、「文章の一部を引用」し、その情報を用いて「分かったことや考えたことを説明」する活動や「意見を述べ」る活動が挙げられています。短い叙述を用いる場合は引用しますが、長い叙述を使いたい場合は要約することも考えられます。引用も要約も、その目的を明確にすることが必要です。子供自身が読む目的を明確にして本や文章を選んだり、書かれている内容から目的に合った情報を見付けたりできるようにしましょう。

▼授業化のポイント

読む目的を明確にすることで読みの精度を高める

私たちが解説や情報誌を読む際、無目的に漫然と読む場合と必要な情報を得るなど目的を明確にして読む場合とでは、どちらが読みの精度が高まるでしょうか。子供たちも同じです。目的なく段落ごとに読ませることがしっかり読ませることではありません。むしろ、しっかり読めるようにするため、もっと言えば、しっかり読みましょうと言われただけではなかなか読めない子供のためにこそ、目的を明確にして読めるようにしたいものです。

文章全体のどこに着目するかを明確にする

読む目的としては、特定の情報を探す場合もあれば、書かれた内容について興味が高まり、もっと詳しく知りたい場合などもあります。目的を意識して読めるようにするには、文章の平板な読みではなく「必要な情報はどこにあるのか」、「自分が興味をもったり、もっと調べてみたいと思ったりすることは何か」など、文章全体のどこに着目するかをはっきりさせた読みが重要になります。いつも文章の最初から最後まで段落ごとに細かく読み取らねばならないのではありません。それは情報誌や新聞などの読み方と同じことです。

繰り返しの中で確実に言葉の力を発揮できるようにする

文章を正確かつ主体的に思考・判断して読めるようにするには、資質・能力を確実に身に付ける質の高い言語活動を単元に位置付けることが重要です。例えば指導事項「ウ　目的を意識して、中心となる語や文を見付けて要約すること。」を例に考えてみましょう。言語活動も読む目的もなく、教材文を段落ごとに時間をかけて読み取らせ、「筆者が言いたい大事な言葉をつなげて要約しよう」などと指示しても、うまく要約できないことが多々あります。またその教材文では何とか要約できても、他の教材文、ましてや子供が選んで読む科学読み物は要約できないことも多いものです。なぜなら文章は筆者にとって「大事な言葉」を選びに選んで書かれたものであり、端から端まで全部が「筆者が言いたい大事な言葉」だからです。つまり無目的に要約スキルを教え込んでも指導事項ウを確実に指導できないのです。確実に指導するためには、子供たちが十分意識できる魅力的な目的を設定した上で、その目的に合致する重要な語や文を判断して選べるようにすることが重要です。更には、長時間をかけて一度だけ要約するのではなく、必要な情報を蓄積するために、様々な文章を読んで繰り返し要約して活用するような指導過程の工夫が必要です。

▼言語活動のアイデアと指導のポイント

単元名「ここがびっくり！生き物の秘密を説明しよう」（第4学年）指導事項Bア、ウ

単元の指導過程とポイント

第一次（一時間）

・生き物の秘密を解説した文章を選んで読み、まだ読んでいない人にもびっくりしたところが伝わるように要約して説明するというめあてを立て、文章を要約した上で、びっくりした箇所を引用して説明するという、説明カードのつくりを確かめる。

第二次（四時間）

・教科書教材でびっくりした箇所を見付け、それが文章全体とどう結びつくのかが分かるように、必要な言葉を選んだりつなげたりして要約する。いろいろな生き物の解説の文章を読み、びっくりする箇所を見付けて引用したり、要約したりすることを繰り返す。

第三次（一時間）

・説明カードと出典となる解説のページを開きながら、要約と引用箇所を説明し合う。

5

【第3学年及び第4学年】の言語活動例

イ　詩や物語などを読み、内容を説明したり、考えたことなどを伝え合ったりする活動

詩や物語を読み、それを基に表現する言語活動を例示しています。「内容を説明」する際は、全員が同じ教材文を読んで内容を説明することがゴールではなく、まだその作品を読んでいない人に内容を分かってもらうために説明したり、一度読んだことのある友達に対して、もっとその作品のよさを分かってもらうために説明したりすることが考えられます。「考えたことなどを伝え合」う際は、心に残ったところや不思議で興味を引かれたところなどを伝え合って、互いの感じ方の違いやそのよさを味わったりすることが考えられます。

▼授業化のポイント

物語を読むことを通して育む資質・能力を系統的に捉える

国語科の重要課題として、付けたい力を明確に捉えて授業づくりを行うことが挙げられます。一見当然のことのようですが、国語科では教材文からのみ付けたい力を導き出してしまうことも多く、「教材で」学ぶはずが「教材を」学ぶことにとどまりがちです。例えば宮沢賢治の『注文の多い料理店』は、第5学年の教材に見られる一方、高等学校の教科書教材にも取り上げられています。当然小学生と高校生とでは、同じ教材を取り上げても付けたい力は異なります。つまり教材が決まれば付けたい力が決まるわけではないのです。

付けたい力の明確化の鍵は、単元で取り上げる指導事項や〔知識及び技能〕の事項をはっきりと押さえることにあります。その際系統性を、低・中・高学年と大づかみに把握すると指導に生かしやすくなります。例えば文学的な文章の精査・解釈ならば、低学年は「場面の様子に着目して」、中学年では「登場人物の気持ちの変化や性格、情景について、場面の移り変わりと結び付けて」、高学年では「人物像や物語などの全体像」を想像して読むことへと発展していきます。つまり低学年では、物語全体のある場面に子供自ら着目できることを、中学年では複数の場面の叙述の結び付きを見付けながら読むことを、そして高学年では、物語全体の叙述をつなげて解釈を生み出すことを目指していくのです。

複数場面の複数の叙述の結び付きを見出し「移り変わり」や「変化」を捉える

中学年では、複数の場面の叙述相互の結び付きを見出しながら場面の移り変わりや気持ちの変化を捉えますので、単に場面ごとに読み取らせるだけでは不十分です。読書経験が少なく、場面読みしか学習経験のない子供を確実に支援するためには、例えば物語全体を俯瞰して、叙述の結び付きを見出しやすくするための全文掲示や全文シートが有効です。これは低学年でも有効ですが、指導のねらいが異なるので活用の仕方も異なる点がポイントです。下の写真は、ファンタジー作品を読み、一番不思議だと思うところと、その布石や伏線もしくは不思議を解き明かす叙述とを線で結び、どのようにして読み解くのかを子供と共有するねらいで用いた例です。こうした工夫は、指導のねらいと子供の実態とを見据えて授業づくりを行うからこそ発想できる授業改善の手立てなのです。

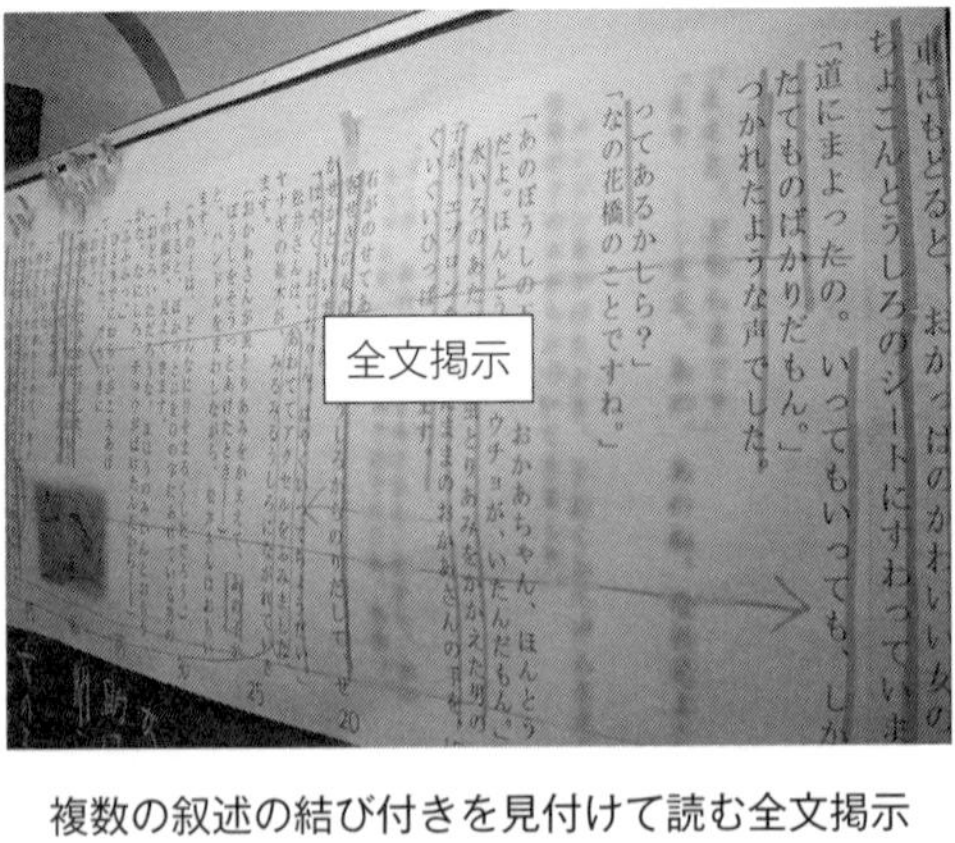

複数の叙述の結び付きを見付けて読む全文掲示

資質・能力を具体的に捉え、魅力的な言語活動を工夫する

前項のように、複数場面の描写を結び付けることがねらいだと分かっても、言語活動の工夫なしに「文と文とを結び付けて読み取りましょう」などと指示してしまっては効果はありません。なぜなら物語は一連のストーリーで構成されており、作家はそこに布石や伏線を多彩にちりばめていることが多く、物語の中の文と文との結び付きは無数に考えられるからです。読者はそれらを手掛かりにしながら結び付きを自ら見出していくことが求められます。そうした読む行為を促す役割を果たすのが言語活動なのです。そのため言語活動は単なる活動ではなく、ねらいを確実に実現するものとして設定する必要があるのです。

例えば言語活動例イを具体化し、「お気に入りの物語について、心に残る場面とその理由をリーフレットにまとめて説明しよう」といった言語活動を設定する場合について考えてみましょう。仮にねらいが、指導事項「エ　登場人物の気持ちの変化や性格、情景について、場面の移り変わりと結び付けて具体的に想像すること。」の中でも、特に「気持ちの変化」に着目して読むことが重点的なねらいであるならば、例えば「自分は○○の場面が強く心に残る。なぜなら、前の場面では……という思いだったのに、ここでは心が大きく動いて◇◇な思いに変わっていったからだ」などと、気持ちの変化などを場面の移り変

わりと結び付けて具体的に思い描くことができるようにするのです。そのためには、リーフレットは心に残る場面に着目したり、場面の移り変わりと結び付けて気持ちの変化を想像したりすることを促す構造をもったものにする必要があります。例えば下図のようなパーツ構造をもたせることによって、複数場面の叙述を結び付けて読み、それを表現できるようにする工夫が考えられます。

　指導のねらいの重点が「登場人物の性格」を捉えて読むことであれば、同じリーフレット型ツールであってもその構造は、複数の叙述を基に性格を捉えられるようなものにするなど、異なったものとなるのです。

　こうした言語活動ツールは、近年様々に工夫を凝らした形で開発されるようになっています。子

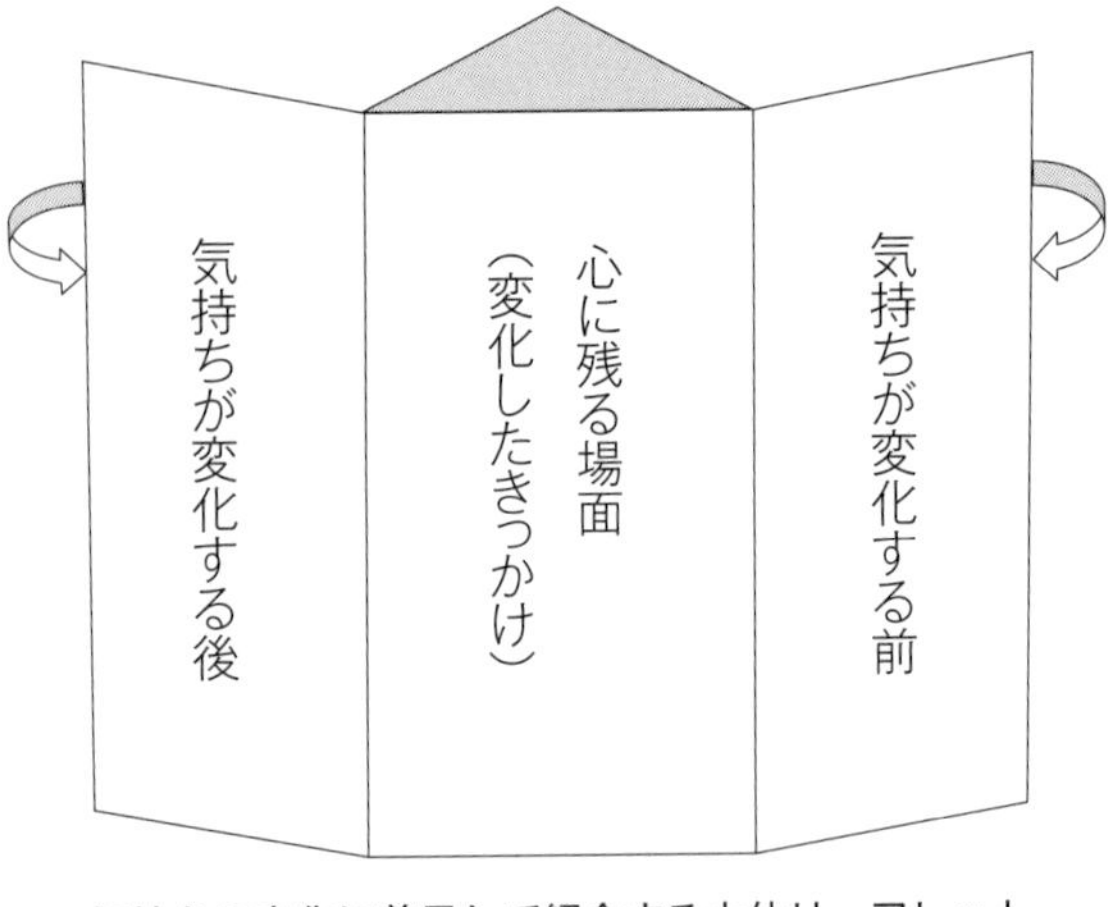

気持ちの変化に着目して紹介する立体リーフレット

供たちが夢中になって文章を読み、その読みを自分の言葉で表現しようとする姿がこれまで以上に見られるようになったことから、実践の輪が大きく広がってきたのでしょう。活動ばかりで力が付くのだろうかと、言語活動を通した指導を躊躇するのではなく、言語活動自体をしっかり教材研究し、授業改善を進めることが一層大切になります。

本時のめあてを単元の言語活動とリンクしたものにする

せっかく単元に、ねらいに迫る魅力的な言語活動を明確に位置付けても、本時の学習のめあて（もしくは学習課題）がそれとは無関係なものになり、子供たちの思考が途切れてしまうことがあります。特に言語活動とは無関係に、「登場人物の気持ちの変化を読み取ろう」などと提示してしまった場合、何をどう読めばよいのか、子供たちが判断できなくなってしまうことも多いものです。なぜなら登場人物、とりわけ主人公の気持ちは、物語全体を通して絶えず揺れ動いて描かれていることが多いからです。

そこで前項の例であれば、「お気に入りの物語について、心に残る場面とその理由をリーフレットにまとめて説明しよう」という単元のめあてに向けて、本時のめあてを、「自分が選んだ物語の心に残る場面について、そのわけを気持ちの変化を手掛かりにはっきりさせよう」などと工夫してみましょう。子供たちにとってなぜその学びが必要なのか、一目瞭然になります。また教科書教材で学ぶ際であれば、「自分が選んだ本の心に残る場面を説明することに向けて、教科書の物語で心に残るわけをはっきりさせてみよう」といった本時のめあてを設定することが考えられます。

言語活動と結び付く、単位時間の学習活動を工夫する

前項のことは、本時のめあての設定だけにとどまりません。単位時間のそれぞれの学習活動に、単元に位置付けた言語活動とはっきりと結び付く学習活動を工夫することが効果的です。例えば、学習のめあてを確認し、一人で考える時間を取った後、ペアやグループなどで交流する学習が位置付けられることが多くあります。その際、「一人学びをしたから交流をしてみよう」と指示しただけでは、一人一人の子供に、交流の目的意識や必然性を認識させられない場合があります。そこで、「心に残るわけについて、一人で考えてはっきりしている人は、グループの友達に説明することでもっとはっきりさせてリーフレットに書けるようにしよう」、「一人で考えてまだはっきりしない人は、グループの友達に意見を聞いてみよう」などと、子供の実態に応じた働きかけを工夫することが有効です。

▼言語活動のアイデアと指導のポイント

単元名「物語の大好きな登場人物について説明しよう」（第3学年）指導事項Cエ、オ

単元の指導過程とポイント

第一次（一時間）

・これまで読んできた物語の登場人物について話し合い、好きな物語の登場人物の性格を捉えて説明するという単元のめあてを設定する。

☆登場人物の性格を複数の叙述を結び付けて説明する「紹介人形」にまとめるという見通しをもてるようにする。

第二次（六時間）

・好きな人物を見付けながら教材文のあらすじを捉え、次時は選んだ作品で同様に学ぶ。

・心に残る場面とそのわけを教材文で見付け、次時は選んだ作品で同様にまとめる。

・教材文の登場人物の性格が分かる言動についての叙述を複数結び付け、性格を捉える。次時は選んだ作品の大好きな登場人物の性格をつかみ、「紹介人形」にまとめる。

第三次（一時間）

・同じ作品を選んだ子供同士でグループを組み、互いに紹介し合って一人一人の感じ方や解釈の違い、その理由やよさを確かめ、学習のまとめを行う。

6

【第3学年及び第4学年】の言語活動例

ウ　学校図書館などを利用し、事典や図鑑などから情報を得て、分かったことなどをまとめて説明する活動

学校図書館がもつ学習・情報センター及び読書センターとしての機能を活用する際の具体例として、読書し、読んだことを基に表現する言語活動を例示しています。「事典や図鑑などから情報を得る」ことに加え、読書センターの機能を生かして同一作家の本やシリーズ作品を読むといったことが考えられるでしょう。「分かったことなどをまとめ」ることとしては、あるテーマや課題などに関して複数の情報を調べ、それらを結び付けるなどして考えを形成することが考えられます。

▼授業化のポイント

様々な本や情報に触れられるようにする必要性を確認する

情報量がごく限られていた時代ならば、与えられた文章だけを読み取らせれば十分だったかもしれません。しかし情報化が進むと同時にグローバル化が進み、多様な人々と協働する必要性を考えれば、中学年の学年目標に示されているように、幅広く読書をすることもますます重要になります。まず教師がこうした教育の重要性を確認することが大切です。

目的を明確にした情報収集を常に意識させるための手立てを工夫する

莫大な情報の中から必要なものを選び、活用していくためには、何のためにそうした情報収集を行うのかを明確にする必要があります。そこで、「分かったことなどをまとめて説明する活動」を具体化する際には、子供がしっかりと目的を設定し、その目的に向かってどのような情報を収集すればよいのかを思考・判断できるようにすることが大切です。

具体的には、単元の導入部で単元のゴールを見通せるようにしますが、急に「これから○○について調べて発表することにします。」などと教師側から一方的に下ろすような導入の仕方では効果は期待できません。例えば単元の導入前から、関連するテーマの本や資料を教室に置いておき、子供たちが自然に手に取れるように布石を打っておいたり、他教科等と関連を図ったりするなどの工夫などが必要になってきます。

これは物語を読んでリーフレットにまとめて説明する場合などでも同様です。自然に意識が言語活動に向くように、子供たちの意識を十分把握しながら工夫してみましょう。

目的を意識した情報収集のための複合単元を工夫する

例えば読むことと書くことなど、複数の領域を組み合わせた指導を工夫する場合があります。これは一般に複合単元と呼ばれます。複合単元は、単に読むことと書くことの二つの単元を並べて配列するのとは異なる効果をもちます。例えば教科書で取り上げたテーマについて、図鑑や事典で調べ、調査報告文に書く場合について考えてみましょう。

複合単元では、単元の導入部から自分が調べて調査報告文に書くという、書くことの学習も含んだ見通しを立てます。これによって、読むことの学習においては目的を明確にして読むことができるようになります。また書くことについては、題材の設定や情報の収集の過程を読むことの学習で十分進めた状態でスタートできるため、非常に効率的です。中学校での指導ならば、同様の学習過程であっても、調べて書くという発展学習を位置付けた読むことの単元にするか、もしくは情報収集過程を重点的に位置付けた書くことの単元にするなどして単独領域でねらいを設定することが多いでしょう。これは、中学校の単元が一般的には配当時間がとても少ないことや、学習経験を積んだ中学生なら、調べる活動や調査報告文を書くことは既習事項を活用して行えることからくるものです。一方小学校では、比較的時数の多い単元を構成することが可能であるとともに、調査報告文を書くこと自体が中学年で重点的に行う言語活動であり、読むことの指導だけでは不十分な場合が多くなるという実態があります。複合単元はそうした実態を踏まえた指導の工夫なのです。

事典や図鑑を読むための資質・能力を育成する

事典や図鑑は、情報を得るための重要な手段として十分使いこなせるようにする必要があります。特に事典については、〔知識及び技能〕（2）のイに、「事典の使い方を理解し使うこと」が新たに示されています。調べる目的や知りたい情報をはっきりもつとともに、題名などを手掛かりに適切に本などを選んだり、目次や索引などを駆使して必要なページを見付けたり、見出しを手掛かりにどの情報を読むべきかを判断したりできるようにする必要があります。更に、調べてみても必要な情報が見つからない場合どうするかを考えられるようにすることも重要です。手にした図鑑などに必ず答えが載っているとは限らないのです。具体的には他の事典や図鑑に当たる、検索ワードを変えて再度探してみる、周りの人が情報をもっていないか尋ねるといったことが考えられます。更には調べた結果、目的としていた情報が得られない場合であっても、関連する他の情報が得られたなど、調べた成果を実感できるようにしたいものです。

中学年のねらいに応じて並行読書を工夫する

並行読書はねらいを効果的に実現するための重要な指導の工夫です。そのため、ねらいに応じた選書が重要です。例えば「C　読むこと」の「カ　文章を読んで感じたことや考えたことを共有し、一人一人の感じ方などに違いがあることに気付くこと。」を重点的に指導するのであれば、一人ずつ異なる本を手にするのではなく、同一の本を例えば数人が読んで共有できるように本を複数冊そろえておくといった準備を行うことが考えられます。

▼言語活動のアイデアと指導のポイント

単元名「食べ物の加工の仕方を調べて、家の人に報告しよう」（第3学年）指導事項Bウ、Cウ

単元の指導過程とポイント

第一次（一時間）

・食べ物の加工の仕方を調べて、調査報告文に書き、家の人に読んでもらうというめあてを設定し、教師が事典や図鑑を使って調べて調査報告文にまとめた例をもとに、学習の見通しを立てる。

☆導入前から関連する図鑑や事典を学年の本棚にたくさん置き、読めるようにしておく。

☆調べる過程自体がねらいなので、調べて書きまとめる過程をモデルとして提示する。

第二次（四時間）

・調査報告文に書く内容を見付けるため、教材文からもっと調べてみたいことを見付ける。

・調査報告文の書き方を学ぶため、教材文の事例の提示の工夫を見付けて読む。

・事典や図鑑を活用し、自分が調べたい食材について、加工の仕方などを中心に調べ、家の人に伝えるための情報を集めるという目的で要約カードにまとめていく。

☆調べるテーマを見付けられるように、教材文からもっと調べたいことを見付けさせる。

☆教材文を読む際にも、並行して事典や図鑑で情報収集できるようにする。

第三次（三時間）

・集めた情報を分類するなどして整理し、理由や事例を示しながら、調査報告文に書く。

第四次（一時間）

・完成した調査報告文を読み合い、学習の振り返りをする。

7

【第5学年及び第6学年】の言語活動例

ア　説明や解説などの文章を比較するなどして読み、分かったことや考えたことを、話し合ったり文章にまとめたりする活動

文章を読んで分かったことや考えたことを表現する言語活動を例示しています。ここでは、「説明や解説などの文章を比較」して読むことが挙げられています。目的に向かって、複数の情報を比較検討し、考えを発信・交流していくことが大切になります。子供たちが生きる高度情報化社会では、あふれる情報から適切に取捨選択して取り込むなどして、情報を活用する能力を発揮することが求められるからです。

比較の他、より多くの情報から目的に合うものを選んだり、複数の情報を結び付けて考えを形成し、それを発信したりすることなども考えられます。比較したり複数の情報を結び付けたりする際には情報収集の目的や、得た情報をどのように活用するかなどを明確にすることが大切になります。そのため、子供に二つの文章を与えて「さ

あ比べてみましょう」と指示するだけでは十分ではない点に注意が必要です。

▼授業化のポイント

要旨を捉えて活用するための、目的性のある場を工夫する

高学年には、「ア　事実と感想、意見などとの関係を叙述を基に押さえ、文章全体の構成を捉えて要旨を把握すること」が示されています。要旨は、読み手の目的によって捉え方が異なる要約とは違い、筆者の主張を端的に捉えるものです。中学年の要約は「精査・解釈」、高学年の要旨は「構造と内容の把握」と、指導事項の位置付けが異なるのはこうした違いによるものです。

ただし、やはり無目的に要旨をまとめさせようとするとうまくいきません。従来の指導でも、時間をかけて教材文を読み取り、何とか要旨を捉えさせても、別の教材文では要旨が捉えられないといった状況が見られてきました。要旨を捉えて終わりにするのではなく、何らかの目的で要旨を捉え、それを活用することを繰り返す必要があるのです。

例えば調べ学習を行う際には、手にした情報を全て細かく読むのではなく、まずその情報や文献が調べる目的に照らして必要な内容かどうかを大づかみに読んで判断するでしょう。つまり、要旨を捉えてそうした判断をすることとなるのです。従って、要旨を捉える力を確実に育成するためには、一つの教材文を時間をかけて読み取らせて、最後に要旨をまとめるのではなく、たくさんの情報を比較検討したり、取捨選択したりしていく必要性を生み出す言語活動を通して指導する必要があるのです。

要旨を捉える手掛かりを多様に提示する

教科書教材の要旨を捉えるのでも大変なのに、より多くの文章の要旨を捉えるのはとうてい無理だと案じる場合もあることでしょう。例えば本や文章で中心的に述べられていることを端的に捉えようとする際、私たちはどのようなことを手掛かりにするでしょうか。やみくもにその文章を読むだけではなく、例えば筆者は誰なのかを確認することが考えられます。例えばこれまで読んだことのある文章を書いている筆者であったり、筆者がどのような経歴をもつのかといった情報を重ねて読んだりすることで、おおよその主張を予測して読むことができる場合があるでしょう。具体的には、筆者が科学者であり、かつ冒険家という経歴もあるのであれば、科学的なデータを重視するだけではなく、実体験を通して感じたことをも重視すべきだと主張するのではないかといったことが予測されます。

また日常生活で書籍を読む場合であれば、「はじめに」や「後書き」を手掛かりにその内容を把握する場合もあります。更には本のカバーを開いた部分に書かれている「そで書き」には、筆者や書籍の編集者が、中心的な主張を端的に表現している文章を引用して掲載していることもあり、そこを読むことで要旨を捉えることができる場合もあります。そで書きには筆者と編集者とが共に、読者に是非伝えたいと考える内容を文章から抜き出している場合が多いからです。

読むことに関する資質・能力を育成する上では、こうした実生活において本や文章を読む際に手掛かりとなることを十分に生かせるようにすることが望まれます。

比較する目的を明確にする

前述のように、文章を比較する際には、その目的を明確にする必要があります。無目的に比較してしまうと、あるいは比較すること自体を目的にしてしまうと、共通点や相違点は無数に出てしまうからです。また、目的に応じて、どの文章とどの文章とを比較するのか、どのような観点で比較するのかといったことを子供が判断できるようにする必要があります。例えば同じ事柄について解説している文章でも、事柄の定義に関する部分ではほぼ共通しているけれど、具体例が異なっていることは多く見られます。その際、事柄の定義をはっきりとつかみたいのであれば、複数の文章を読み比べ、共通点に着目して定義を理解することが考えられます。また、その事柄について誰かに説明したいけれどよい具体例が思い浮かばないといった場合、複数の解説を読み比べてどの事例であれば自分もよく理解でき、相手によく伝わるかを、具体例の挙げ方の相違点に着目して判断したりすることが考えられます。いずれの場合も、読む目的を明確にし、その目的を達成するためにどの文章とどの文章とを比べるのかを子供自身が判断できるようにすることが大切です。

文章を読んで表現する場を工夫し、評価に生かす

前項のようにどの文章を比較して活用するかを確実に判断できるようにするためにも、文章を読むことにとどまらずそれを基に表現する活動を位置付けることが大切になります。表現することによって比較の効果が実感でき、次単元以降で目的に応じて比較するなどして読む際に生きる力となっていくからです。例えば前述の例のように、相手に解説する際の事例を選ぶために比較して読むのであれば、実際に相手に解説することによって、比較検討したよさを実感することができます。なお口頭で解説する際のメモを作成したり、解説文にしたりすることによって、それを評価の材料として活用することもできます。

▼言語活動のアイデアと指導のポイント

単元名「興味をもった言葉について調べ、解説しよう」（第5学年）指導事項Cア、ウ、オ

単元の指導過程とポイント

第一次（一時間）

・語句の由来や使い方、言葉の変化とその具体例、方言と共通語の各々のよさや事例などについて資料を読んで調べ、四年生に解説するというめあてを設定し、見通しを立てる。

第二次（四時間）

・一つの文章からのみ引用する場合に比べた、複数の資料を比較検討して引用するよさを確かめ、自分の選んだテーマについて解説する上で比較検討したい文献を複数選ぶ。

・比較する目的に応じて比べて読み、定義の共通性を見出したり、より適切な具体例を選んだりする。更に集めた情報を元に解説としてまとめる。

第三次（一時間）

・四年生に向けて解説し、感想をもらうとともに、比較して読んだ効果を振り返る。

8

【第5学年及び第6学年】の言語活動例

イ　詩や物語、伝記などを読み、内容を説明したり、自分の生き方などについて考えたことを伝え合ったりする活動

詩や物語、伝記などを読み、それを基に表現する言語活動を例示しています。中学年と同様に「内容を説明」する際には、全員が同じ文章を読み、同じ内容を説明するのではなく、自分が選んだ作品について説明することが考えられます。その際、無目的に内容を説明するのではなく、心に響いた叙述のよさを解説したり、作品を推薦したりするために、その前提としてどのような作品なのかを説明するなど、目的を明確にすることで子供たちの思考や判断を促すことが可能となります。

生き方について考える際には、複数の作品を重ねて読むことが大切になります。生き方や命の在り方など、簡単に答えの出ない、あるいは答えが一つとは限らないテーマについて、与えられた一つの作品を読み取るだけでは多面的に考えることが難しい

からです。また小学校高学年の子供たちの実態を踏まえると、伝記を読んで自分の生き方を考える際には、伝記に描かれた人物にあこがれる、ここが素晴らしいといった具体的な思いをもてるようにすることが大切になります。

▼授業化のポイント

心に響く叙述を中心に作品全体の叙述を結び付けて解釈を生み出せるようにする

中学年の言語活動の項でも述べたように、高学年では作品全体の叙述を結び付けたり、関連する他の作品の叙述と結び付けたりして読むことができるようにします。このことによって、例えば「エ　人物像や物語などの全体像を具体的に想像したり、表現の効果を考えたりすること。」などの資質・能力を育むことを目指すからです。そのため、

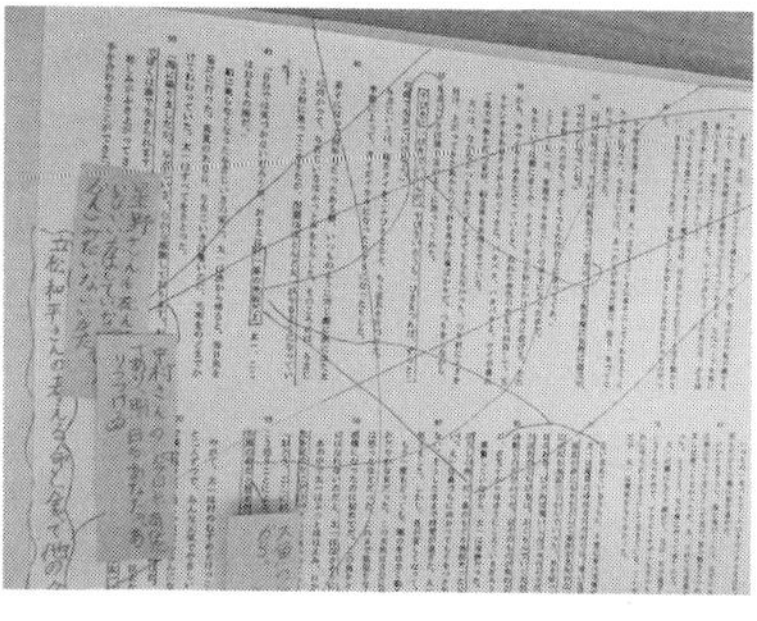

作品全体の叙述を結び付ける全文シート

低・中学年でも有効な全文シートや全文掲示について、高学年では写真のように作品全体の叙述を縦横無尽に結び付けて解釈を生み出す活用の仕方を工夫することが考えられます。この場合もねらいに応じて活用の仕方を工夫することが大切です。

例えば立松和平作『海のいのち』を、主人公の太一はなぜクエをうたなかったのかについて解き明かしたいと考えて読み進める際、当該の場面だけではなく、冒頭の叙述や師匠である与吉じいさが海に帰っていった場面の叙述などと結び付けて解釈することが考えられます。またどの叙述とどの叙述とを結び付けるかは読者によって異なります。

以前であれば、物語文の学習では、作品の主題を読み取ることが最終的な目標とされたことが多かったのではないでしょうか。そして子供たちの解釈をその主題に至らしめるために発問などによって導く指導も多く見られました。しかし必ずしも作品に唯一の正解の主題や解釈があるとは限りません。むしろ読者が作品やその叙述に積極的に働きかけて解釈を生み出していくことが文学を読むことの本質に近いのではないでしょうか。

推薦や解説など、高学年にふさわしい言語活動を具体化する

言語活動を具体化する際は、例えば心に響く作品の叙述を推薦したり、そのよさを解説したりするといった、高学年にふさわしい言語活動を工夫することが大切です。例えば

「推薦」は、低学年から多く取り入れられる「紹介」や「説明」と異なり、推薦理由を明確にすることが求められます。その際、他の作品や叙述と比較して、当該の作品や叙述がもつ固有のよさを明確にすることも必要になります。そのため、単にここがよいと漠然と捉えて伝え合うのではなく、自分の心に響く叙述とその根拠となる叙述とを結び付けるなど、言葉と言葉との関係をより自覚的に捉えることとなります。子供たちの言葉による見方・考え方を一層活発に働かせるためにも、言語活動の緻密な設定が重要になるのです。

高学年における並行読書材の選定を工夫する

例えば『やまなし』や『注文の多い料理店』など、宮沢賢治の作品世界を想像するためには他の賢治作品を味わう読書体験がとても有効です。そうした読書体験をもてなかった子供に対して並行読書を工夫することは重要な指導の手立てとなります。この他例えば「わらぐつの中の神様」であれば、この作品が収められている短編集『かくまきの歌』の作品を読むことで、雪深い中で人々が関わり合って生きる作品世界に浸りやすくなります。また前掲の『海のいのち』であれば、立松和平の命シリーズや、命をテーマにした他の作品を重ねて読むことも効果的です。

一方で、低・中学年と異なり、並行読書は負担が大きいと案じる場合もあるでしょう。

読むのが苦手な子には、いきなり手応えのある作品を読ませようとしても難しい場合があるかもしれません。例えば「大造じいさんとガン」を中心学習材とした場合、椋鳩十の他の作品を並行読書材とすることは一般的に考えられます。その際、椋鳩十は高学年向きの作品だけではなく幼年童話も数多く執筆しており、学校図書館にもそろえられていることが多いものです。そこで、「低学年の子供たちに向けて椋鳩十の作品の魅力を推薦する」といった言語活動を工夫することで、指導のねらいは変えることなく、子供たちの実態に応じた指導の工夫を行うことが可能となります。

あこがれを抱きながら具体的な叙述に着目して伝記を読めるようにする

伝記は、文学的な文章の特徴と説明的な文章の特徴とをもっている文章です。そのため、文学的な文章の特徴に着目して読む場合もあれば、説明的な文章の特徴に着目して読む場合もあります。説明的な文章の特徴に着目する場合は、例えば伝記に描かれた人物の業績や言葉について、心に響くところ、あこがれるところなどを描く叙述に着目できるようにします。また例えば、「これからの自分を支える一文を選ぶ」などとより具体化することも考えられます。その際、なぜその叙述や一文を選んだのか、根拠となる叙述をはっきりさせ、理由を説明できるようにする必要があります。高学年では、単一の叙述のみならず複数の叙述を関連付けて理由付けしていくことがポイントです。人物の素晴らしさを裏付けるような業績や言動は、一つではなく数多く記述されていることが多いものです。そこで「一貫して……を追究している姿が強く心に響いた」「この時は大変な困難状況だったが、それを乗り越え、このような業績を残したことにあこがれる」など、複数の事実記述を結び付けてあこがれる理由を明確にしていくことが考えられます。またこうした具体的な理由付けの説明の表現を数多く例示することで、こうした複数の事実を結び付ける読みを導き出していくことも大切です。

読書会など、読書生活との結び付きを重視した言語活動を具体化する

高学年では、読書会、あるいは読書座談会など読書生活と結び付きの深い言語活動も行われます。子供たちにとって、作品全体の叙述や関連する他の作品の叙述を結び付けながら、自分が抱いた読みの疑問を友達と解き明かしていくことのできる魅力的な言語活動です。どの子供も自分の読みの疑問を提示したり、友達の読みの疑問に答えたりできるように、一人一人の活動の質と量を確保する観点から、数人のグループで行う形態が考えられます。またこうした言語活動を展開するためには、単に教材文を分析するだけの教材研究にとどまらず、教師自身が複数のチームで実際に読書会を行ってみるという、言語活動自

体の教材研究が不可欠です。

交流を目的や必然性のあるものにする

読むことでは特に、交流を目的性や必然性のあるものにすることが大切です。読むことにおける交流は、あくまでも読むことの資質・能力を育むためのものですので、本文を媒介にして交流することが基本です。例えば写真のような姿が見られるとよいでしょう。また、交流の目的を明確にするためには、課題提示→一人学び→ペア・グループ交流→全体交流といった定型的な指導パターンを見直す必要があります。単に一人学びをしたから交流するのではなく、高学年ならば、一人で読んではっきりしないところについてみんなの意見を聞きたい、などと交流目的をもてるようにすることが大切です。同様に、全体交流も本当に子供にとって必要性があるかを見極めて位置付けるようにしましょう。

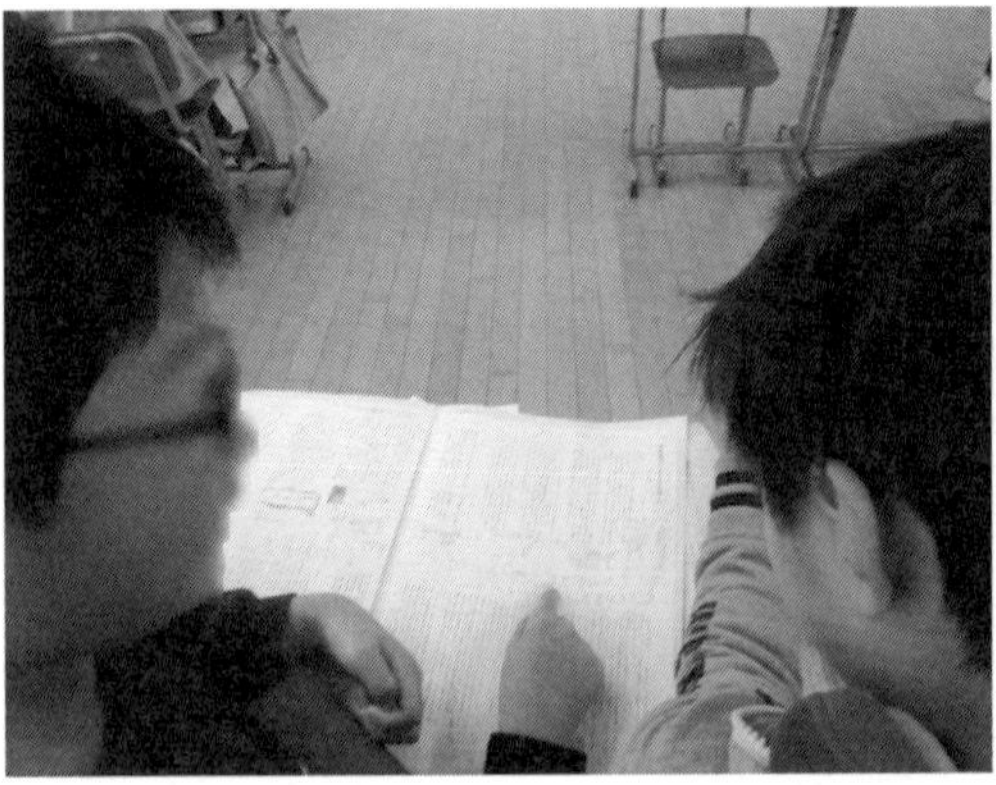

文章を引用しながら交流する

▼言語活動のアイデアと指導のポイント

単元名「命をテーマに読書座談会をしよう」（第6学年）指導事項Cエ、オ、カ

単元の指導過程とポイント

第一次（一時間）

・読書座談会を行っている映像資料を視聴し、読書座談会への見通しをもつ。

☆年間を見通し、命をテーマにした多作品の並行読書に取り組めるようにしておく。

第二次（六時間）

・立松和平『山のいのち』をグループで読み合い読書座談会での課題を出し合う。

・課題についての疑問や解釈を各自考えた上で、グループの読書座談会を行う。

・立松和平『海のいのち』についても同様に進めて読書座談会を行う。

☆常に自分はどの叙述からどう解釈するかを明確に考えられるようにする。

第三次（一時間）

・学習を振り返るとともに、これからどのような読書をしていきたいか考える。

9

【第5学年及び第6学年】の言語活動例

ウ　学校図書館などを利用し、複数の本や新聞などを活用して、調べたり考えたりしたことを報告する活動

学校図書館を利用して読書し、読んだことを基に表現する言語活動を例示しています。常に正解があるとは限らない変化の激しい社会を生きる子供たちには、様々な情報を組み合わせ、新たな考えを形成する力が今以上に求められます。そうした資質・能力を育むために、「複数の本や新聞などを活用」することが挙げられています。どんな課題について調べるのか、その際学校図書館などをどう活用するのか、最終的にどんな形で発信するのかなどを明確にして学習を進めることが大切になります。

▼授業化のポイント

課題意識を膨らませるための手立てをしっかり構築する

例えば環境を守るための方法について調べて報告するといった言語活動を位置付ける際、導入時に何の工夫もなく単元の内容を示すだけでは、子供たちはなぜ調べて報告する必要があるのかを実感できず、課題意識が明確にならない場合があります。そうした状況を改善するためには、導入時の工夫が大切になります。例えば環境問題を取り上げた資料などを単元の導入前から置いておくだけでも効果が得られます。子供たちは私たちよりもっと先の未来を生きる存在ですから、将来の地球環境がどうなっていくのかなどについてとても敏感です。このままでは環境を守れないといった情報を目にした子供たちは、「何とかしないと」、「自分にできることはないだろうか」といった切実な課題意識をもつことでしょう。子供たちの興味や関心の有り様をよく捉え、効果的な導入を工夫することで、課題意識を十分に膨らませた状態で単元と出合えるようにしたいものです。

子供自身が自覚的に情報を収集し、活用できるようにする

調べて考えをまとめ、報告するはずが、情報を視写して音読するだけになってしまう場合が見られます。情報を収集する能力は、学年の発達の段階に応じて系統的に指導する必要があります。大づかみに言えば、低学年では色々な図鑑や科学読み物を読むことで新し

い世界と出合うことができる楽しさを味わうことが重要になります。そして中学年では、目次や索引、見出しを活用するなど、目的を明確にして情報を検索できるようにします。さらに高学年では、自分の考えを補説するため専門家が述べる意見が欲しい、反対の考えをもっている人を説得するための具体例を集めたいといった、情報収集の意図を明確にすることが大切になります。子供たちのこれまでの学習を生かして、どのように情報収集するかを自覚的に考えられるようにしましょう。

言語活動を生かして語彙を豊かにする

語彙を豊かにすることは国語科においてとても重要なことです。その際、単に言葉をたくさん覚え込ませようとするだけでは十分な効果は得られにくいでしょう。語彙を豊かにするためには、言葉への関心を高めながら様々な本や文章を読む経験を積むことが重要です。また

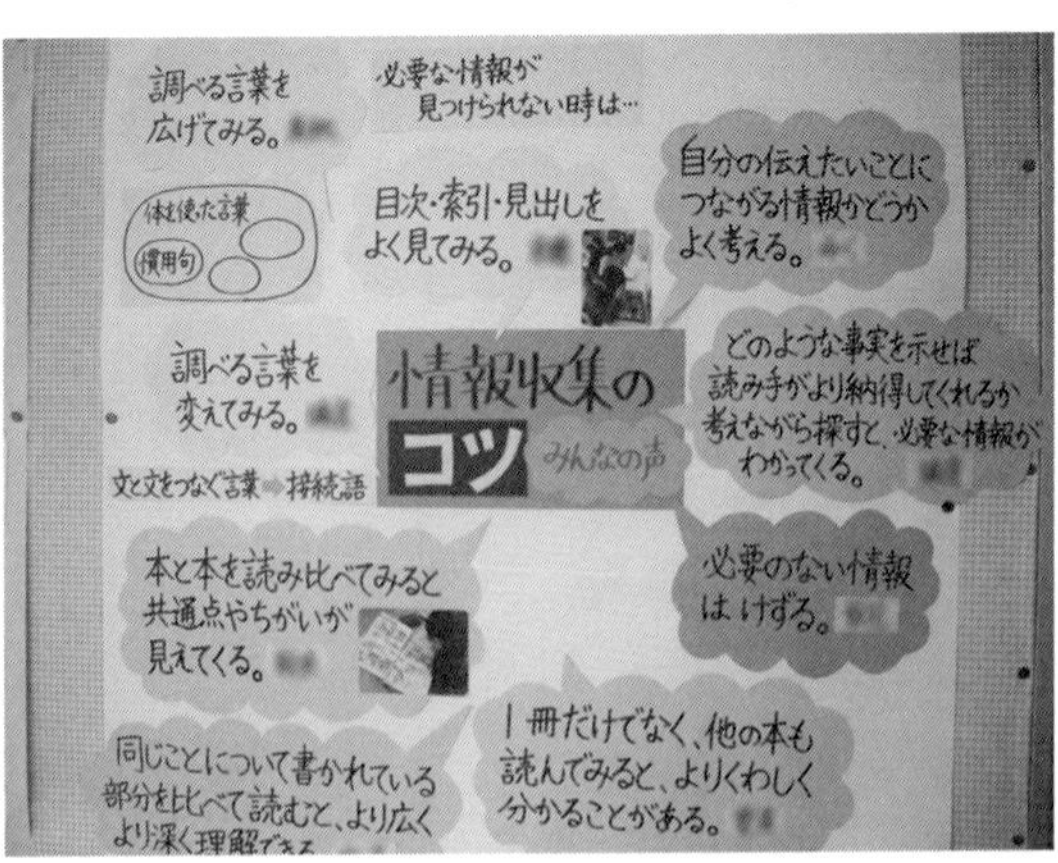

これまでの学びを蓄積した掲示の工夫

自分の考えなどを様々な場や目的、相手に応じて発信する経験を積むことも重要になります。こうしたことを意図的に行うのが言語活動です。先述の例であれば、課題意識を高めながら環境問題について解説した様々な文章や資料を読むこととなります。当然教科書には出てこないような専門的な用語なども頻出するでしょう。しかし子供たちにとって、その用語が自分の考えをしっかり形成するために不可欠のものであるならば、自らその意味や具体例などを明らかにして自分の語彙として使いこなそうとするでしょう。さらにそうした用語などを用いて自分の考えなどを解説したり報告したりする場があることによって、その語は使用語彙として定着するものとなります。

他教科等との効果的な連携を図る

高学年の子供たちの課題意識を喚起する学習テーマは様々に広がります。しかし国語科では、環境問題に関する知識を増やしたり環境保全の方法を理解したりすることをねらうわけではありません。そこで各教科等との効果的な連携を図ることが一層重要になります。一例として環境問題への関心や課題意識は総合的な学習の時間で十分に高め、国語科ではその解決策を見出すという目的に向けて言語による情報検索や、考えの形成、効果的な言語表現の在り方などを学ぶことに重点を置いて指導することが考えられます。

複合単元を組む際の文章などの種類を明確にする

中学年の項で述べたように、複合単元を構成して指導の効果を高める工夫があります。例えば絵画について解説した文章を読む学習と、絵画を見て感じたことを文章に書き表す学習とを組み合わせることで、「読むこと」と「書くこと」のそれぞれの指導事項をより効果的に指導することなどがあります。その際、書くことの学習において、絵画の鑑賞文を書くのと、解説文を書くのとでは大きな違いが生じます。

一般に、名画を見て書くのは鑑賞文です。これに対して解説文なら、対象となる絵画を熟知してその背景などに関する知識をもって書くことが基本となります。また教材文は鑑賞文ではなく解説文です。絵画を見て膨らませた思いを生き生きと表現させるのであれば鑑賞文になりますし、絵画に関する情報が掲載された参考文献を読み、その情報も生かしつつ、教材文の書きぶりを取り入れて書くならば、解説文を選択することが考えられます。

▼言語活動のアイデアと指導のポイント

単元名「環境を守る方法を調べて解説文に書きまとめよう」（第6学年）指導事項Cウ、オ

単元の指導過程とポイント

第一次（二時間）

・環境を守るための方法を調べ、解説文に書くというめあてを設定する。

・現時点で集まっている情報を基に解説文を書いてみて、不十分な点を明らかにする。

☆総合的な学習の時間と関連を図り、課題意識の高まりを捉えて単元をスタートする。

☆一度解説文を書いてみることで、さらに必要な材料や効果的な論の進め方を学ぶ必要性を実感できるようにする。

第二次（六時間）

・解説文に書くための論の進め方を学ぶために教科書教材を読み、自分の解説に生かせそうな工夫を見付けるとともに、不足している情報を確認した上で、環境を守る方法を様々な文献を活用して調べ、必要な情報を集める。

☆教材文のどのような工夫を生かせそうかを判断できるよう、教科書の読みと文献を調べる学習を並行して行う。

第三次（三時間）

・報告文に書きまとめて読み合い、学習の振り返りをする。

あとがき

　授業改善、とりわけ国語科の授業改善は、困難な課題を解決する過程の連続です。しかし近年、小学校国語科の授業づくりは、本当に多くの方々の共通理解をいただき、全国各地で大きく進展してきました。その原動力は何と言っても子供たちの姿です。以前には見られなかった主体的な学びの姿が見られるようになってきた、国語が苦手で授業について来られなかった子供が、自分から学びに向かうようになってきた、今の子供の学びの姿を見れば、以前の授業には戻れないといった声を、授業改善を地道に進めておられる数多くの先生方からお聞きしますし、また実際に目の当たりにもしています。

　私は幸いにも、熱意をもって目の前の子供たちのための授業改善にひたむきに取り組む全国の数多くの先生方や学校と共同研究する機会をいただいてきました。そしてその度に多くの有益な示唆をいただいてきました。この実践研究を通して私は、未来を生きる子供たちのための国語科の授業改革を進めていくことで、例え困難な道のりであっても、時に大きな壁にぶつかったとしても着実に前進できるということ、そして子供の姿こそ真実であるということを改めて強く実感しています。

本書の冒頭にも申し上げましたが、本書はこうした全国の数多くの方々の実践的な知見を集約したものであり、ご教示いただいた方々への感謝の思いを込めて執筆したものです。とりわけ、実践の写真の掲載をご了解いただいた皆様にはここに深く御礼を申し上げます。

終わりになりますが、本書の刊行は明治図書教育書編集部、木山麻衣子氏のお力添えがあってこそ実現したものです。プロットの再三にわたる検討、執筆時にいただいたご助力と粘り強い励ましに深く御礼を申し上げます。

本書を全国の数多くの子供たちのための国語科授業改革に取り組む皆様に手に取っていただき、一層優れた授業実践を生み出していただくことを念じております。

二〇一八年四月

水戸部修治

【著者紹介】
水戸部　修治（みとべ　しゅうじ）
京都女子大学教授。
小学校教諭，県教育庁指導主事，山形大学地域教育文化学部准教授等を経て，文部科学省初等中等教育局教育課程課教科調査官，国立教育政策研究所教育課程研究センター総括研究官・教育課程調査官・学力調査官，平成29年４月より現職。専門は国語科教育学。平成10・20年版『小学校学習指導要領解説国語編』作成協力者。主な著書に，『平成29年版　小学校新学習指導要領の展開　国語編』，『「単元を貫く言語活動」を位置付けた小学校国語科「伝統的な言語文化」の授業パーフェクトガイド』『単元を貫く言語活動のすべてが分かる！　小学校国語科授業＆評価パーフェクトガイド』，『イラスト図解でひと目でわかる！小学校国語科　言語活動パーフェクトガイド（全３巻）』（明治図書）などがある。

小学校　新学習指導要領　国語の授業づくり

2018年４月初版第１刷刊
2019年１月初版第４刷刊
©著　者　水　戸　部　修　治
発行者　藤　原　光　政
発行所　明治図書出版株式会社
http://www.meijitosho.co.jp
（企画）木山麻衣子（校正）大江文武
〒114-0023　東京都北区滝野川7-46-1
振替00160-5-151318　電話03（5907）6702
ご注文窓口　電話03（5907）6668

＊検印省略
組版所　藤　原　印　刷　株　式　会　社

Printed in Japan　ISBN978-4-18-251812-6